社会学の越境
―社会秩序のなりたちをめぐって―

Hirota Taku
廣田 拓

八千代出版

はしがき

　はじめに、本書のタイトル『社会学の越境――社会秩序のなりたちをめぐって』の由来について述べておきたい。このタイトルは、本書でもとりあげる哲学者、廣松渉の論文集『哲学の越境――行為論の領野へ』（勁草書房、1992年）を参照したものである。この著作で廣松は、近代哲学における主客（物心）二元論の図式から脱却し、独自の「行為論的哲学」を展開するなかで、哲学の心身問題から、人工知能（AI）、精神病理、儀礼行為にいたる広範囲の領域を論じている。私見では、廣松哲学においてそうした〈越境〉が可能なのは、廣松が二元論にかわる〈二重性の論理〉に着目しているからである。

　二重性の論理とは何か。この表現は、筆者の研究活動の出発点でもある、イギリスの社会学者A・ギデンズの「構造の二重性（duality of structure）」概念に由来する。ギデンズにおいてこの概念の意味するところは、従来の社会理論にみられる、個人と社会、行為と構造を分けて考える「二元論（dualism）」を克服し、双方の相互関係を論じることにある。そしてこの点において、廣松とギデンズは共通の問題意識をもっていると考えることができる。なお、ギデンズはこの論理を現実に、イギリスのT・ブレア政権（1997-2007年）における、「第三の道」とよばれる政治構想（＝社会民主主義とネオリベラリズムの対立の克服をめざしたもの）に活用している。

　実際、対立項の相互関係を扱う二重性の論理は具体的・実践的な性格を有しており、さまざまな領域に適用することが可能である。たとえば、日本語の二重性ということでいえば、「すまない（すみません）」という日常表現には「感謝」と「謝罪」の両義的な意味が含まれており、あるいはまた「影」という言葉にも、「光」と「陰」の両義的な意味が含まれている。そうした言葉の両義性は二重性の論理を表現しているといえる。

　ほかにも、オランダの歴史家J・ホイジンガの『ホモ・ルーデンス』（1938年）のように、歴史学・民族学・言語学を学際的に研究し、「遊び／まじめ」

の二項対立の流動性に着目したのも二重性の論理と関係がある。このことはたとえば、「遊び（娯楽）」としてのスポーツがスポーツとしてなりたつためには、これを「まじめ（真剣）」にとりくむことが必要であることからも理解される。ちなみに、フランスの社会学者 R・カイヨワが、「聖／俗／遊」の三元論を提唱したのも、遊びとまじめの二重性への着目が、「日常（俗）／非日常（聖）」の二元論を相対化させる意義をもっているからである。

さらに自然科学の分野に目を向けると、たとえば、生物学者の福岡伸一のいう「動的平衡」概念などは二重性の論理にかかわるものである。事実、生命現象の認識に適用される動的平衡概念の定義は、「それを構成する要素は、絶え間なく消長、交換、変化しているにもかかわらず、全体として一定のバランス、つまり恒常性が保たれる系」とされ、要素と全体の二重性が強調されているのである（福岡伸一『新版　動的平衡 2──生命は自由になれるのか』小学館新書、2018 年、79 頁）。

このように二重性の論理に着目することは、異分野間の交流・対話の促進につながることを示唆している。そのうえで、本書のタイトルが〈社会学の越境〉であるのは、筆者がギデンズの社会理論を議論の出発点としていることにくわえて、本書で検討する 4 人の論者が共通して、この論理にそって〈社会秩序のなりたち〉を論じているからである。その 4 人の論者とは、前述のギデンズと廣松のほかに、倫理学者の和辻哲郎、そして精神科医／精神病理学者の木村敏である。

ここで簡単に、それぞれの二重性の論理を概観しておくと、まずギデンズの社会理論においては、構造が行為者の実践の〈帰結〉であると同時にその〈媒体〉でもあるという、構造の二重性が論じられることになる。そしてこの考え方に近いのが和辻である。というのも、和辻倫理学の基礎にある「間柄」は、間柄の成員によって〈形成〉されると同時に、その成員を〈限定〉するものとして特徴づけられるからである。

一方、廣松の場合、その哲学に援用される役割理論では、自己存在が「対他的」な自己（○○としての役柄を遂行する私）と「対自的」な自己（私としての私

の二重性として把握されることになる。さらに精神科医である木村の場合、患者との臨床の場においてつむぎだされる思索のなかで、患者において疑問に付されている自己存在（＝自己が自己であること）が、「おのずから（自ら）」と「みずから（自ら）」の二重性の観点から捉えかえされることになる。

　このようにみると、各々の二重性の論理には、社会（構造、間柄）に照準をあわせるか、自己存在に照準をあわせるかによって微妙な差異があらわれてくる。本書はこの点で、ギデンズと和辻の〈相関的〉二重性の論理と、廣松と木村の〈共属的〉二重性の論理を区別している。前者の相関的二重性の論理というのは、個人の実践と社会環境の相関性を二重性として捉えた論理であり、実践と環境の相互作用が特に強調されることとなる。こうした論理はたとえば、「地球温暖化」などの環境問題を〈人災〉とみなす場合の基礎となりうるものである。

　他方、後者の共属的二重性の論理というのは、自己存在の二重性、その個別性（＝他ならぬ自己）と共同性（＝〈われ-われ〉としての自己）の側面を二重性として捉えた論理であり、特に自己と他者の関係性ということが問題となる。またその観点から、この論理は他者存在への〈配慮〉にかかわることになり、たとえば、医療・福祉分野における「ケア」を支える論理として展開することが可能となる。

　その一方で、先に述べたように、ギデンズ、和辻、廣松、木村には、各々の二重性の論理にそって社会秩序のなりたちを論じるという共通点がある。本書ではそれを、日常生活の「自明性」（＝特段の疑問をいだくことなく、日々の生活を送ることができること）をめぐる問題として理解し、この観点からそれぞれの議論の考察を試みている。

　まず、ギデンズと和辻の場合、自明性は他者に対する〈信頼〉という現象から把握されることになる。次に廣松の場合、自明性はマルクス主義的観点から、社会的諸関係の「物象化的錯認」によって理解されることになる。最後に木村の場合、主として「統合失調症」の患者に起こる「自明性の喪失」という事態から、そのなりたちが論じられることになる。

その意味で、本書はギデンズ、和辻、廣松、木村の二重性の論理の考察を基軸に、その論理と、自明性によって言い表される社会秩序の可能性との関係に焦点をあてている。別の言い方をすれば、日常生活の自明性を基礎づける二重性の論理の探究に照準をあわせている。現に社会秩序を支える自明性自体が、日常生活の変化と安定の二重性によって維持されるものだからである。

　ところで、このはしがきを執筆している時期に、ちょうど大澤真幸著『社会学史』(講談社現代新書、2019年)が出版された。その大澤によれば、社会学固有の主題とは「社会秩序はいかにして可能か」を問うことにあり、それはさらに「個人と個人の関係」と「個人と社会(＝要素と全体)の関係」との、2つの部分問題に分かれるという(同：17-21)。いわれてみれば、二重性の論理を検討する本書の議論が、自己と他者の関係にかかわる共属的二重性と、個人と社会の関係にかかわる相関的二重性とに分岐するのも、それが「社会秩序はいかにして可能か」をめぐるものだからである。大澤の説明をうけて、本書が社会学的な問題を扱っていることを、改めて確認した次第である。

廣田　拓

目　　次

はしがき　*i*

序　論　自明性を基礎づける二重性の論理の素描　　1
第1節　二重性の論理①——個人と社会の相関的二重性　　1
第2節　二重性の論理②——自己存在の共属的二重性　　3
第3節　対話と翻訳の観点からみた二重性の論理　　5

第1章　A・ギデンズの構造化理論と信頼論　　7
第1節　ギデンズの構造化理論　　8
第2節　ギデンズの信頼論①——「確信」としての信頼　　12
第3節　ギデンズの信頼論②——「信仰」としての信頼　　16
第4節　構造化理論の実践的展開としての「第三の道」　　20
第5節　普遍的価値観の共有にもとづく社会的連帯の問題点　　24

第2章　和辻倫理学と信頼論・良心論　　33
第1節　相互否定の論理としての間柄　　33
第2節　和辻倫理学における二重否定の論理　　39
第3節　和辻の信頼論　　43
第4節　和辻の良心論　　47
第5節　和辻倫理学が二重否定の論理にいたる背景について　　52

第3章　相関的二重性の論理の考察——ルーマン社会理論との比較　　59
第1節　マルクス＝エンゲルスの人間規定　　60
第2節　ルーマンの社会システム理論　　64
第3節　ルーマンの信頼論　　67
第4節　integrity と intimacy——ギデンズと和辻の信頼論比較　　73

第4章　廣松渉の役割理論と物象化論　　81
第1節　四肢的構造連関としての共同主観性　　82
第2節　廣松の役割理論　　85
第3節　サルトルの「対自-対他」論　　88
第4節　本来的な自己と非本来的な自己　　93
第5節　廣松哲学に対する若干の補足　　98

第5章　木村敏の自己論と自明性の問題　　105
第1節　木村の自覚的現象学　　105
第2節　精神科医療の二重性　　110
第3節　二重否定の論理としての生への意志　　114
第4節　「主体の二重化」としてのメタノエシス的原理　　118
第5節　木村自己論に対する若干の補足　　123

第6章　対話と翻訳——二重性の論理の比較考察　　135
第1節　ナンシーの「複数にして単数の存在」としての自己　　135
第2節　対話と翻訳　　140
第3節　自明性の変容にかかわる翻訳　　145
第4節　自他のトランスアクティブな二重性に向けて　　147

補　論　承認をめぐる思想的変遷——「中欧」チェコの歴史を事例に　　151
第1節　「中欧」チェコの特殊性　　151
第2節　日常性と歴史の対立
　　　　——ハヴェル-クンデラ論争からみえてくるもの　　154
第3節　2つの承認論——K・コシークとA・ホネット　　157

文献一覧　　165

目　　次

凡　　例

- 引用文中の傍点の強調は原著者により、［　　］の補足は引用者による。
- 引用した訳語・訳文は、議論の都合に応じて適宜変更してある。
- 「　　」による語句の強調は、（筆者の引用する）原著者の用語のほか、英語を付した語句、固有名詞や複合名詞、（正常／異常など）留保の必要な言葉、などにつけてある。
- 〈　　〉による語句の強調は、筆者自身の記述や表現、普通名詞の強調などにつけてある。

序 論　自明性を基礎づける二重性の論理の素描

　この序論では、はしがきでふれた二重性の論理と自明性の関係を中心に、本書の第1章から第6章までの内容を素描する。まず第1節では、A・ギデンズ（第1章）と和辻哲郎（第2章）の二重性の論理を、第2節では、廣松渉（第4章）と木村敏（第5章）の二重性の論理を概観する。そして第3節では、ギデンズと和辻の議論の共通点（第3章）を、廣松と木村の共通点（第6章）と比較しつつ、その相補的な関係について概観する。

第1節　二重性の論理①——個人と社会の相関的二重性

　本書のテーマである「二重性（duality）」の概念について、第1章ではイギリスの社会学者A・ギデンズの社会理論を検討する。まず、ギデンズの社会理論のなかにこの概念が導入される背景には、次のような目的がある。すなわちその目的とは、諸個人の行為の所産として社会を規定する、実存主義のような「主観主義」と、社会の構成要素として諸個人を規定する、構造主義のような「客観主義」との「二元論（dualism）」をのりこえることである。
　こうした背景のもとになりたつ二重性の論理を展開するうえでギデンズが強調するのが、諸個人の「社会的実践」[1]の二重性である。すなわちそれは、諸個人の実践の〈帰結〉として社会（構造）が産出される一方で、当の社会は実践の〈媒体〉でもあるという意味での二重性である。本書ではそれを、個人と社会の〈相関的〉二重性と表現している。
　この点は、第2章で検討する倫理学者和辻哲郎の議論にも照応する。和辻は自身の倫理学を展開するにあたり、〈人間〉という日本語のもつ二重性に

着目する。すなわち、人間とは〈個体〉としての人であると同時に、人と人との〈間〉としての社会（世間）でもある。和辻はこうした二重の存在構造を有する人間存在を、「実践的行為的連関」としての「間柄的存在」と規定し、この連関を、個人と社会の「相互否定」の運動として理解する。つまり、個人は、諸個人の結合する社会からの独立（＝社会の否定）によって個人としてなりたつが、そのためには社会の制限（＝個人の否定）を必要とし、社会もまた、その否定としての個人間の結合を必要とする、ということである。その意味で、和辻の展開する二重性の論理もまた、個人と社会の相関性によって特徴づけることができる。

　ところで、はしがきのなかでも述べたように、本書は二重性の論理という観点から、日常生活の「自明性」について理解することを試みている。ここでいう「自明性（obviousness）」とは、日常の社会生活のなかで起こりうるさまざまな出来事に対して、特段の疑問をさしはさむことなく、日々の生活を送る態度（＝A・シュッツのいう「自然的態度」）のことをさす。

　しかしながら、実際の社会生活においては、良くも悪くも想定外の出来事がつきものであり、自明性の有する安定性に反して、私たちは潜在的に不安定な状態におかれているといえる。それでもそうした状態を過度に気にとめることなく、日々の生活を送ることができるところに、日常の社会秩序を支える自明性の不思議さがある。さらに、当初は新鮮に（または奇異に）感じられた〈こと〉も、そのことに馴れるにつれ、次第にそれが自明の〈もの〉となっていくが、自明性のこうした惰性的特徴もまた、社会生活の安定性に寄与しているといえる。

　それでは、ギデンズと和辻の二重性の議論はいかにして、そうした自明性の構造と結びつくのか。注目すべきは、両者ともに（近代的）社会秩序を説明するにさいして、他者への「信頼（trust）」という要素に言及していることである。まず、ギデンズの場合は、人間存在の「存在論的不安」を「カッコにいれる」はたらきとして、信頼を理解する。ギデンズの理解では、信頼とは、日常の定型的・反復的実践である「ルーティーン」によって形成され

ると同時に、このルーティーンの支柱でもある。ギデンズにおいては、ここに信頼とルーティーンの二重性が認められ、この相互関係が、日常生活の自明性を形づくるものとして把握されることになる。

一方、和辻の場合、信頼はその否定にあたる〈裏切り〉との関係から理解され、潜在的な裏切りの可能性の否定として、すなわち、「否定の否定」という二重否定から信頼がなりたつものとされる。ちなみにこうした二重否定による信頼理解は、第3章で検討するドイツの社会学者 N・ルーマンの「自己言及的システム」論につうじる部分がある。換言すれば、システムとしての（全体）社会は、裏切りの否定によってなりたつ信頼へのたえざる自己言及によって、その安定性（自明性）を保っているということである。ただし、和辻の信頼理解は、信頼と裏切りを相関的に扱うことなく、個人の個別性よりも社会の共同性を優位におく傾向にあり、本書ではこの点を批判的に検討することになる。

第2節　二重性の論理②──自己存在の共属的二重性

ここまでは、個人と社会の相関的二重性の論理を扱ってきたが、本書ではそれとは性格を異にする、自己存在の〈共属的〉二重性の論理を、哲学者の廣松渉と精神病理学者の木村敏の議論から導出している。ここでいう共属的二重性の論理とは、自他の個別性と共同性が〈自己存在の二重性〉[2]として、「共軛的（conjugate）」で不可分の関係を構成していることを表現している。

第4章で検討する廣松の場合、外から聞こえる〈音〉が、車の〈クラクション〉として現象するというように、レアールな〈所与〉がイデアールな〈意味〉をおびてあらわれるという、認識論的次元の二重性が議論の出発点となる。廣松はこのレアールな所与とイデアールな意味を架橋する〈として〉を、自他の「共同主観性」として理解する。

廣松はさらに、この議論を行為論的次元にまで拡張する。そのさい廣松は、独自の役割理論の見地から、個々の実在する人間が、そのつどの他者関係の

なかで期待される〈役割〉を遂行する存在としてあらわれることを強調する。たとえばそれは、子どもに対する〈親〉として、妻に対する〈夫〉として、学生に対する〈教師〉として、というようにである。人間存在とはこのように、具体的な他者との〈間柄〉によって規定される、さまざまな役割をひきうける存在として理解されることになる。

　同時に、そうした役割存在としての自己には、「人称的（personal）／非人称的（impersonal）」の２つの側面がある。自己の人称的側面とは、当面の他者との相互行為における自己のありかたであり、自己の非人称的側面とは、〈ひと〉としてあるべき自己のありかたである。この区別にさいし、廣松が例としてもちだすのは、子どもが牛をみて「ワンワン」といいまちがえたときの、親の「自己分裂的」な役割の二重性である。すなわち、一方でこの場合の親は、子どものいいまちがいを共同主観的に理解できるが、他方でそれを〈誤り〉としていいなおす、自他の共同主観性の規範化された、第三者的な〈ひと〉としてのありかたを身につけている。

　この場合、前者が自己存在の人称的側面であり、後者が非人称的側面である。廣松の見解では、後者の〈ひと〉としての自己のありかたは、日常生活の自明性を支える共同主観性の「物象化」形態である。こうして廣松の役割理論においては、二重の共同主観性が共属的に自己存在を構成し、この構成のなかに自明性の構造が含まれることになる。

　次に第５章で検討するのが、木村敏の二重性の論理である。木村の思索は主として、「統合失調症（旧称：精神分裂病）」とよばれる精神疾患において疑問に付されている、「自己が自己である」ことの自明性を、現象学的または生命論的見地から探究したものとなっている。木村によれば自己存在とは、一人称的な個々の生命＝「みずから（自ら）」の次元と、非人称的な「生命一般」＝「おのずから（自ら）」の次元との共属関係から理解されるものである。こうした「自ら」の二重性によって言い表される自己存在は、自己の主体性（＝みずから）と世界の自明性（＝おのずから）の共属性を示しており、この共属性に問題をかかえているのが、統合失調症という事態の特徴である。

序　論　　自明性を基礎づける二重性の論理の素描

　一方で木村は、個々の生命と生命一般の関係を、「個別的主体性」と「集団的主体性」の関係として捉えなおし、2つの主体性の相関的な循環構造にもふれている。そのさい木村が言及するのが「合奏音楽」である。合奏音楽においては、個々の演奏者は全体の音楽の創出にかかわるが、実際にはそのようにして成立する全体の音楽が、個々の演奏に方向づけを与えている。それゆえ、木村の二重性の論理を理解するにあたっては、自己存在の共属関係だけでなく、その相関関係を検討することが必要となる。

第3節　対話と翻訳の観点からみた二重性の論理

　第6章ではさらに、個人と社会の相関的二重性の論理と、自己存在の共属的二重性の論理の比較考察を試みている。まず、ギデンズと和辻の相関的二重性の論理を特徴づけるのは、G・ヘーゲルの弁証法的思考と、K・マルクス由来の「実践（Praxis）」観念の強調である（第3章参照）。本書ではこの論理の具体的なモデルとして、自他間の〈対話〉に焦点をあてている。それは「対話（dialogue）」が「弁証法的（dialectical）」なものであることにくわえて、対話の相互作用がもたらす自明性の〈変革〉可能性が、相関的二重性の論理の重視する〈実践〉と結びつくからである。
　一方、廣松および木村の共属的二重性の論理を特徴づけるのは、自他の個別性と共同性の不可分性である。そしてこのモデルとなるのは〈翻訳〉である。翻訳という営みは、自他の差異と同一性（等価性）の共属関係によってなりたつ、あるいは、自他に通底する非人称的次元（＝共同主観性、集団的主体性）の一人称的解釈にかかわるものだからである。
　本書では最終的に、対話と翻訳の相補的関係を論じることになる。異質なものとの対話が可能になるためには翻訳の契機が必要であるが、翻訳という行為がなりたつためには、まずもって対話という土台が必要となるからである。あるいはまた、翻訳の前提となる他者との対話空間は、自明性の「変容（transformation）」を生みだす場であるが、この変容自体は、そのつどの「翻

訳（translation）」行為によって可能となるのである。

【注】
(1) ギデンズは次のように述べている。「私たちは社会生活を、単にあちら側にある『社会』として、あるいはこちら側にある『個人』の所産として捉えるだけでなく、人々が遂行する一連の継続した活動や実践としても捉えていくべきです。こうした人々の一連の継続した活動や実践が、同時にまたもっと大きな制度体を再生産することになります。私は、議論を『個人』から始めたり、あるいは『社会』から始めたりするかわりに、むしろ反復的に生じる社会的実践という考え方を、社会科学がおこなおうとする事柄の中心にすえたのです」（Giddens and Pierson 1998＝2001：119）。
(2) 哲学者の足立和浩は、フッサール、ハイデガー、サルトル、構造主義にいたる20世紀の思想的潮流を、「『人間』概念の、あるいは人間の『自己』概念の、漸次的な解体と消滅の過程」（廣松ほか［1973］2017：470）と特徴づける。実際、フッサールの「志向性」、ハイデガーの「脱自」、サルトルの「対自」などは、「自己充足的に存在しているような自己の内的な解体」と関係すると、足立は指摘する（同：469）。本書で検討する自己存在の共属的二重性もまた、こうした潮流を背景に理解する必要がある。

第1章　A・ギデンズの構造化理論と信頼論

　本章で考察するイギリスの社会学者A・ギデンズの社会理論の特徴は、諸個人の実践を、その意図と実際のおこないの〈ずれ〉の観点から理解し、実践と構造の〈相関的〉二重性を強調するところにある。すなわちそれは、諸個人の実践が「意図せざる結果」としての構造を産出する一方で、この構造が実践の「知られざる条件」となっているという意味での相関的二重性である。そしてこの二重性の論理を軸に展開されるのが、ギデンズの「構造化理論」である。

　ギデンズはまた、日常生活の自明性や社会秩序のなりたちを論じるにあたって、事物や他者、システムへの〈信頼〉という要素に着目している。このギデンズの信頼論は、主として発達心理学的、精神分析学的見地から検討されており、人間存在が潜在的におちいる可能性のある「存在論的不安」の「カッコいれ」として、信頼が把握されている。

　こうしたギデンズの構造化理論と信頼論の結合点には、「第三の道」とよばれる社会政策論がある。この第三の道構想において社会的連帯のかなめとなるのが、コミットメントの要素をそなえた「能動的信頼」と、人間の尊厳にかかわる「普遍的価値観」のグローバルな共有である。能動的信頼は自己の主体的選択にもとづく信頼関係の構築をさしており、そのコミットメントには自己責任がともなう。一方、普遍的価値観の共有は、他者一般に対する〈配慮〉にかかわるものであり、その共有には他者責任がともなう。このように、ギデンズは社会的連帯を、自己責任をともなう能動的信頼と、他者責任をともなう普遍的価値観との2つの観点から理解するなかで、自己実現を追求する自律的個人からなる社会を構想することになる。

第1節　ギデンズの構造化理論

　本書のテーマである「二重性（duality）」の論理とは、個人と社会、行為と構造などの「二元論（dualism）」の対立を克服する企てを表現したものである。社会学理論におけるこうした企ての代表的なものが、ギデンズの「構造化理論（structuration theory）」である(1)。この構造化理論とは、社会学理論における、解釈学的・現象学的社会学などの「主観主義」と、構造・機能主義などの「客観主義」の二元論をのりこえるべく考案されたものである（Giddens 1984=2015：9）。

　岡田宏太郎の解説によれば、ギデンズの構造化理論の特徴は、「主観的な行為主体の行為による客観的な構造の産出」（岡田 1994：191）という点にある。たとえば、機能主義の伝統に属するR・マートンは、ホピ族の「雨乞いの儀式」分析において、ホピ族の「雨を降らせる」という目的や意図とは別に、それによって集団のアイデンティティが強化されるという、「社会的再生産」の側面を重視する。一方、構造化理論ではむしろ、行為の目的や意図が強調されつつ、この「行為の意図せざる結果（unintended consequences of action）」としての社会的再生産の論理が、「構造」として把握されることになる（同：192-195）。

　構造化理論はこの点で、現象学的社会学の流れをくむH・ガーフィンケルのエスノメソドロジーとも異なっている。ガーフィンケルの場合、ギデンズのいう主観主義と客観主義の対立を調停するために、現象学的社会学の重視する「『わたしの世界』を社会的な性格をもつ言語にむすびつけることによって、その主観性をのりこえようとする」（同：201）。

　しかし、結果としてそれは、「人間が自分自身を完全に見透し認識しているいわば『自己明証』な主体と、そのような主体が構成する完全に合理的な世界を前提にしている」（同：204）ことになる。他方、構造化理論における、意図せざる結果として産出される構造は、諸個人が「不断に産出しているに

第1章　A・ギデンズの構造化理論と信頼論

もかかわらずそれとは自覚的に認識されていない」(同:209)点に特徴があり、そこにエスノメソドロジーとのちがいがみられる。

　以上が構造化理論の概略であるが、この理論の根本には、「構造は実践の再生産の媒体であるとともにその帰結である」という、「構造の二重性 (duality of structure)」の考え方がひかえている。換言すれば、行為の意図せざる結果として産出される構造は、当の「行為の知られざる条件 (unacknowledged conditions of action)」として、行為の媒体にもなっているということである (Giddens 1979＝1989:5, 61-64)。この点を理解するためには、ギデンズの〈人間〉理解を検討する必要がある。ギデンズは次のように述べている。

　　人間という行為主体もしくは行為者……は、自分のおこないの生来的な側面として、自分のしていることをそのさなかに理解する能力をもっている。人間行為者のこうした再帰的能力は、社会活動の諸コンテクストにおいて、日々の行動の流れととぎれることなくかかわるという特徴をそなえている。しかしその再帰性[2]は、言説的レベルでのみ部分的に作動するにすぎない。行為主体が自分のおこないやその理由について知っている……のは、大部分は実践的意識によるものである。実践的意識は、社会生活の諸コンテクストのなかで「うまくやっていく」方法について、行為者が暗黙裡に知っているが、言説によって直接表現を与えることが不可能な、あらゆる事柄からなりたっている (Giddens 1984＝2015:11)。

　上の引用文でまず着目すべきは、「日々の行動の流れ」という箇所である。ギデンズは「日々の (day-to-day)」という用語によって、「社会生活の回帰的性質」(ibid.:12) を表現している。ここでの「回帰性 (recursiveness)」は、構造の生産／再生産の論理としての構造の二重性をさし、それは人々の日常生活における反復的な「社会的実践 (social practices)」のなかで生じるものとされる (Giddens 1979＝1989:5, 46)。そうした社会的実践のことを、ギデンズ

は日々の行動の流れと表現し、さらにこの社会的実践の継続を支えているのが、引用文にある「実践的意識（practical consciousness）」である。

ギデンズによれば、構造化理論の趣旨は、こうした「社会的実践によって生みだされる矛盾[3]を発見すること」（ibid.：145）にあるという。ギデンズは後述するように、この矛盾を言説的な「意図」と実践的な「おこない（doing）」の〈ずれ〉として理解する。同時にそれは、社会的実践の２つの契機である、行為主体の「再帰的能力（reflexive capacities）」と「行為能力（agency）」を前提としている。

前者の「自分のしていることをそのさなかに理解する」能力のことを、ギデンズは「行為の再帰的モニタリング（reflexive monitoring of action）」とよぶ。そのさい強調されるのは、モニタリングの「目的的（purposive）」かつ「意図的」な性格であり、それが行為主体の「主観性」をさしていることである（Giddens 1984＝2015：42, 416）。別の言い方をすれば、行為の再帰的モニタリングというのは、他者行為主体との社会的実践によって営まれる、社会生活の流れの〈読み方〉を表現している[4]。

ギデンズによれば、このモニタリングは「行為の合理化」に依拠し、行為主体は自身のおこないの理由を「かりに問われれば、その理由を言説によって（嘘をつくことを含めて）詳述することができる」（ibid.：29）。それゆえ、ある人物が周囲からみて不可解な言動を起こしたとしても、その理由を問いただせば、周囲は当該人物の説明から、その人の社会生活の流れの読み方を、その人の目的や意図として了解することができる。ただし、モニタリングには嘘の説明や誤った解釈など、各人の主観性の入りこむ余地があり、そうした誤解の連鎖のなかで社会生活は継続しているともいえる[5]。

その意味で「再帰性とは、反省とは違って、行為の帰結いかんに関係しないもっと中立的な用語である」（畑本 2008：82）。いいかえるなら、モニタリングの再帰性が規範的でなく「中立的」であるからこそ、社会生活の流れのなかでは、たえず意図せざる結果が生みだされることになるのである（Giddens 1984＝2015：54）。

第 1 章　Ａ・ギデンズの構造化理論と信頼論

　その一方で、行為主体にとっての意図せざる結果は、「行為のモニタリングを可能にするための条件」、すなわち、モニタリングの媒体とみなすこともできる。なぜなら、行為主体の「意図通りには事が運ばなかったので、そこに再帰性の契機が生まれる」と解釈することができるからである（畑本 2008：100）。こうして、社会的実践における、意図としてのモニタリングと意図せざる結果との循環構造が導出されることになる。

　重要なのは、以下にみるように、ギデンズがこの意図せざる結果と「行為能力」を結びつけて考えていることである。ギデンズによれば、行為能力の概念とは、「本来、変更可能な対象世界への『介入』」を意味し、マルクスの「実践 (Praxis)」観念をふまえたものである。ただしそれは、「規則にしたがう」とか「規則にもとづく」とかいう、「状況づけられた実践」としての社会的実践とは区別される（Giddens 1979＝1989：45-46, 60）。というのもギデンズによれば、行為能力は「人々が何ごとかをおこなうにさいして有する意図を示すのではなく、何よりもまず、そのことをおこなうための潜在能力を示す」（Giddens 1984＝2015：35）ものだからである。

　この「潜在能力 (capability)」には、行為主体が「一連の行動のどの局面においても、別様に行為した可能性がある」という意味が、つまり行為主体のおこないが、本来〈状況づけられていない〉ということが含意されている。一方で行為能力には、行為主体のおこないが「介入していなかったのなら、実際に起こったどんな出来事も起こらなかったであろう」という、〈状況づけ〉の意味あいも同時に含まれている[6]（ibid.：35）。

　要するに、行為能力は行為主体のおこないそれ自体にかかわるが、おこないは行為の再帰的モニタリングを介して、行為主体の意図として状況づけられている、ということである。そのうえで、おこないの結果は、しばしば行為主体の意図をこえたものとなるため、行為能力には意図せざる結果がともなうことが想定されるのである[7]（ibid.：37）。

　このようにギデンズの構造化理論では、行為主体の主観主義的な意図と、意図せざる結果をともなう客観主義的なおこないの 2 つの契機から、社会的

実践が理解されている。そしてこの社会的実践の二重性のなかで成立するのが、構造の二重性である。つまりギデンズのいうように、「構造は行為主体と社会的実践の構成のなかに同時に入り込んでおり、この構成を生成する契機のなかに『存在』するのである」(Giddens 1979＝1989：5)。

その意味で、ギデンズの構造化理論は、行為と構造の〈相関的〉二重性、あるいは社会的実践における、行為の再帰的モニタリングと行為能力の〈相関的〉二重性を特徴としているといえる。

第2節　ギデンズの信頼論①――「確信」としての信頼

ギデンズの構造化理論において次に問題となるのは、社会的実践と社会秩序の関係である。ギデンズによれば「社会理論の根本問題……は、社会関係が時空間を横断して『伸張する』ことにより、個人の『現前』の限界がいかにしてのりこえられるのかを解明することにある」(Giddens 1984＝2015：63)。ギデンズはこれを「時空間の遠隔化の問題――現前［＝その場に居合わせること］と不在［＝その場に居合わせないこと］を結びつけるように、時間と空間が組織化されていくさいの条件」(Giddens 1990＝1993：27) とみなす。ギデンズはこの「時空間の遠隔化」の観点から、社会秩序を「社会統合」と「システム統合」という、2つの統合様式に区別する（田邊 1999：40)。

前者の社会統合は、他者との「対面的相互行為レベルでのシステム性」を意味し、後者のシステム統合は、「時間または空間において物理的に不在である人々とのつながり」に関係するレベルでのシステム性、いいかえるなら〈非対面的〉相互行為レベルでのシステム性を意味する (Giddens 1984＝2015：55-56)。そして、ギデンズにおいてこの2つの統合様式の基盤となるのが、他者への「信頼 (trust)」である。けれどもそれは、以下にみるガーフィンケルの信頼論などとは異なる性格のものとなっている。

ガーフィンケルによれば、「社会の成員が道徳的秩序と対峙し、この秩序のことを知るのは、この秩序を通常とるべき道と考えられているものとして

第1章　A・ギデンズの構造化理論と信頼論

——つまりは、日常的事象の馴れ親しまれた場面として、他者とともに知り、他者とともに自明視している日々の生活の世界として——である」。さらに、「成員によって『生活の当然の事実』として扱われる、日常的活動の馴れ親しまれた場面は、実在の世界および実在の世界における活動の所産として、成員の毎日の実存にとってのゆるぎない事実である」という (Garfinkel 1967 = 1989 : 33)。

　ガーフィンケルはこうした道徳的に当然のこと、自明のこととみなされる、「日常的活動の馴れ親しまれた場面」の背後にあると期待される社会的な「標準化」のことを、「背後期待 (background expectancies)」または「信頼」とよぶ (ibid. : 34, 88-89)。ガーフィンケルによれば、社会の成員のあいだに「共通理解」が生まれるのは、こうした「期待にそって行為することが、道徳的なこととして強制されているからである」(ibid. : 57)。その意味で、この標準化は日々の行為 (=社会的実践) によってみいだされ、創造され、そして維持されるものである (ibid. : 76)。

　このように、馴れ親しまれた場面というのは日常的活動の「所産」なのであり、ここにガーフィンケルにおける、社会秩序と社会的実践の結びつきをみてとることができる。一方で、背後期待にそって行為しない、つまり「不信」をいだかれるような成員の介在により、共通理解の「基盤が失われるやいなや、成員たちに現実に知覚された環境は、『まったく無意味なもの』に化してしまう」(ibid. : 59) おそれがある。

　しかしながらガーフィンケルの場合、不信の状況においてあらわになる、現実の無意味性の指摘にとどまったまま、信頼の投機性 (=後述するコミットメントの要素) についてはかたられていない。くわえて、社会的実践は自明視された日常世界の規範性・道徳性にかかわるものとして把握されており、行為の意図せざる結果にかんしては、信頼の否定=不信として、中立的ではなく規範的に処理されることとなる。

　それでは当のギデンズにおいて、日常生活の自明性の基礎にある信頼と社会的実践とはいかに結びつくのか。そもそもギデンズが社会的実践の観点か

ら人間行為主体を把握する理由は、社会的実践の契機の一つである、行為の継続的なモニタリングの目的とかかわっている。ギデンズの見解では、行為主体によるモニタリングの継続は、「私は本当に存在するのか」等々の、人間存在のかかえる「存在論的不安（ontological insecurity）」を「カッコにいれる（bracket）」ためにおこなわれている。そうした不安の「カッコいれ」のはたらきを、ギデンズは信頼とみなすのである（Giddens 1990＝1993：118-119；1991＝2005：39-40）。

しかしギデンズは、こうした信頼理解のおおもとにある、A・シュッツの概念を踏襲するよりは、むしろアメリカの社会学者E・ゴフマンの一連の著作に依拠しながら議論を進めている。実際ギデンズは、ゴフマンの主要な分析対象としての、他者との対面的相互行為における「気配り（tact）」や、見知らぬ他者に対する「儀礼的無関心（civil inattention）」を、社会的実践のなかで営まれる、モニタリングの状況づけのあらわれとして理解する（Giddens 1984＝2015：103-106）。そしてこのモニタリングの継続によって生起する、反復的・習慣的作業としての「ルーティーン」が、不安のカッコいれとしての信頼の生成にかかわると、ギデンズは解釈する（ibid.：93）。

他方でギデンズは、ルーティーンの支柱としての信頼の側面についても言及している。そのかなめとなるのが、E・エリクソンの「基本的信頼（basic trust）」概念である。この場合の信頼は、幼児期の親子関係のなかで育まれる、幼児の「存在論的安心（ontological security）」を支える「確信（confidence）」の意味をもつ（ibid.：82；Giddens 1990＝1993：116-117）。ギデンズは次のように述べている。

> 人は誰もが、なぜ、つねに存在の本質にかんする重度の不安状態に陥らないのであろうか。大多数の人がこうした自己尋問にかんして多くの場合いだく安心感の起源は、幼児期初期に特有な経験のなかにみいだすことができる。「普通の」人は、生まれてすぐにこうした存在の本質にかんする過敏な感情を緩和したり鈍くさせたりする、信頼という「投薬」

を基本的にうけているからである、と私は主張したい。あるいは、比喩を少しかえれば、すべての人間が潜在的に陥る可能性がある存在論的不安から人々を守ってくれる、感情面での予防接種を「普通の」人はうけている。この予防接種をおこなう存在が、幼児の世話を中心となっておこなう人間、ほとんどの人にとっては母親である（Giddens 1990＝1993：119）。

他者への信頼という感情は、基本的安心システムのもっとも深層に位置する要素であるが、この感情の生成は、親に相当する人間によって確立された、予測可能かつ面倒見のよいルーティーンに実質的に依存する（Giddens 1984＝2015：79）。

　この観点からギデンズは、日常生活における社会的実践の「ルーティーン化」を次のように定義づける。すなわち、「日々の社会生活の諸活動の大部分が有する、習慣的で自明のものとなっている特徴。馴れ親しまれた行動様式や行動形式の浸透は、存在論的安心の感覚を支え、またそれによって支えられてもいる」（ibid.：420）。
　社会学者の澤井敦はこの定義にしたがって、「ルーティーンと存在論的安心の感覚は互いに互いを支えるという二重の関係にある」（澤井 2016：142）と、ルーティーンと存在論的安心の二重性を指摘する。たしかに、二重性の論理から信頼を理解すれば、ルーティーンの継続のなかで事物や他者に対する確信があらわれると同時に、この確信が逆に、ルーティーン継続の支柱となるという二重性を捉えることができる。
　一方で、樫村愛子の次のような指摘もある。すなわち、ギデンズの議論は「どこまでも再帰性の論理だけで社会と主体を組み立てようというものではなく、その核に『存在論的安心』という精神分析的概念を用いている」（樫村 2007：116）。にもかかわらず、「再帰性の議論と精神分析の議論は切断されている」（同：66）、という指摘である。

私見では、再帰性の論理と精神分析的見地からの信頼論が断絶する要因としては、ギデンズが主として1990年代以降に展開した一連のモダニティ分析の過程で、次節で検討する〈信仰〉の観点から信頼を論じるようになったことが大きいと考えられる。

第3節　ギデンズの信頼論②——「信仰」としての信頼

　ところで、前節で述べた「確信」としての信頼は、〈対面的〉相互行為の次元を念頭においており、基本的に「社会統合」にかかわるものである。本節では次に、〈非対面的〉相互行為の次元にかかわる信頼、すなわち「システム統合」における信頼を検討する。たとえば、ギデンズは次のように述べている。

> 信頼は時間面と空間面での不在に関係する。その人の活動がたえず人目につき、思考過程がすぐ見抜ける人をことさら信頼する必要はないし、また、そのはたらきを完全に熟知し、精通しているシステムを、ことさら信頼する必要もない。……信頼にとって第一の要件は、……十分な情報の欠如である（Giddens 1990＝1993：49）。

　このようにギデンズが信頼を、他者の「不在（absence）」の観点から説明しているということは、彼が信頼をシステム統合の次元から理解していることを意味する。またそのさいギデンズは、D・ウィニコットの「潜在空間（potential space）」概念に依拠した議論を展開している。ギデンズはウィニコットの潜在空間について、次のように述べている。

> 潜在空間とは、幼児と介護者のあいだに創出される隔たり……であり、親に相当する人間の信頼度に対する幼児の信頼に由来する。……［ただし］潜在空間は、空間的だけでなく時間的にも介護者が不在の状態に耐える

第1章　A・ギデンズの構造化理論と信頼論

ことのできる、幼児の能力をさしている……。／したがって、信頼と、幼児の側で発現していく社会的な潜在能力との交わりに重要な影響をおよぼすのは、不在である。この点に、つまり、信頼の心理学的な発達過程の核心に、時空間の遠隔化という問題を再発見することになる。なぜなら、信頼の初期の形成段階における根源的特徴は、介護者が戻ってきてくれることに対する［信仰としての］信頼にあるからである（ibid.：122）。

　ここで、上の引用文に補足した「信仰（faith）」の意味について説明しておきたい。ギデンズによれば、「信頼とは要するに『信仰』の一形態であり、その場合、生じうる結果に対して人々がよせる信頼は、単なる認知的理解でなく、むしろ何かあるものに対するコミットメントを表している」（ibid.：42）。このことが意味するのは、ギデンズが信仰としての信頼に言及するとき、そこには存在の不確実性や投機性の要素が含まれているということである。上の引用文でいえば、信頼関係にある不在の人が、自分のもとに戻ってくるかどうかは未知数であり、信仰としての信頼が、人間の存在論的安心を支える保証はどこにもないということである。

　こうしたギデンズの信仰としての信頼理解は、ドイツの社会学者G・ジンメルの信頼論から着想をえている[(8)]。すなわち、ギデンズはジンメルに依拠するかたちで、信頼を「『未知なるものへの飛躍』というコミットメント」（Giddens 1991＝2005：44）として理解する。また、このときギデンズの念頭にあるのは「モダニティ」という時代状況、つまり、潜在的に複数の行為の選択肢のなかから、一つの行為の選択を迫られる状況における、行為の結果の不確実性に対処することである（Berger and Zijderveld 2009＝2012）。

　以上よりギデンズの信頼は、行為の選択にともなう「実存的不安（existential anxiety）」（Giddens 1991＝2005：38-60）をカッコにいれる、従来の「確信」の意味と、その選択の結果に身を委ねる「信仰」の意味の、双方の意味をもつことになる。その意味で、ここでの「信頼は、確信と区別されるものというよりは、むしろ特定のタイプの確信」（Giddens 1990＝1993：48）をあらわしている。

17

換言すれば、ギデンズの考える信頼は、ちょうど「信仰と確信とを結びつける」ものとして考えられている。すなわち、信頼とは「所与の一連の結果や出来事にかんして、人やシステムを頼りにすることができる確信」であり、確信とは「相手の誠実さや好意、あるいは、抽象的原理（専門技術的知識）の正しさに対する信仰」なのである（ibid.: 50）。そしてこの信頼⇒確信⇒信仰の順序が意味するのは、モダニティを念頭においたギデンズの信頼論において、確信の要素は最終的に、信仰に還元されるということである(9)。

　それでは、そうした信仰とギデンズの相関的二重性の論理はどう結びつくのか。この点で参考となるのが、フランスの哲学者Q・メイヤスーの「相関主義」批判である（Meillassoux［2006］2012＝2016）。メイヤスーによれば、「私たちは主体との関係から分離された対象『それ自体』を把握することは決してできない」のであり、「主体はつねにすでに対象との関係に置かれている」。これがメイヤスーのいう相関主義の考え方であり、それは「主観性［思考］と客観性［世界］の領域をそれぞれ独立したものとして考える主張を無効にする」、I・カント以来の近代哲学の特徴でもある（ibid.: 16）。

　一方で、相関主義における主観（思考）と客観（世界）の結びつきは、超越者のような「思考不可能なものが不可能であるということは、思考不可能である」という態度を導出する。メイヤスーによれば、そうした「思考不可能なもの」を認める必要性は、人間の思考に相関する「世界それ自体の本質的な有限性」に由来する（ibid.: 73）。というのも、超越者とは〈無限〉の領域の設定にほかならないからである。結果としてそれが、思考の〈外部〉の領域を信仰が司るという「信仰主義」を生みだし、「信心に対する思考の従属」を促すことになる（ibid.: 82-84）。つまり、相関主義と信仰主義は表裏一体の関係にあるのである(10)。

　メイヤスーは相関主義批判をとおして、思考と世界の相関外部の領域を「推論できる数学の能力」（ibid.: 50）を高く評価する。相関外部の領域とは、具体的にいえば、宇宙の起源（135億年前）や、地球上の生命の誕生（35億年前）などの、経験科学にもとづく「祖先以前的言明（énoncé ancestral）」によって

第1章　A・ギデンズの構造化理論と信頼論

推論可能な世界のことである（ibid.：22 以下）。メイヤスーがそうした数学の推論能力を評価するのは、単純に、相関主義的な近代哲学においては、相関外部の領域が不問に付されてしまうからである。

　最終的にメイヤスーの相関主義批判の行きつく先は、人間および人間の認識する世界の「有限性」ということにある。実はこの点に親和的なのが、ギデンズの強調する社会的実践の「矛盾」＝行為主体の意図と実際のおこないの〈ずれ〉という発想である。というのも、この矛盾が「存在が有限であること」（Giddens 1979＝1989：146）と結びつくからこそ、社会的実践は行為主体の「言説的レベル」での状況づけと、状況づけられていない「潜在能力」の二重性から理解されるのである。このことは、社会的実践を支える実践的意識の根本にある、後期ヴィトゲンシュタイン哲学に対する、ギデンズの次の評価からも確認されることである[11]。

　　ヴィトゲンシュタインの業績が社会理論に対してもつ意義は、言語と「社会的実践」を結びつけたことにある。……言語のもつ限界は、この限界が言語そのものを可能にするがゆえに、言語によって直接表現できないものである。後期ヴィトゲンシュタイン哲学においては、「言語のもつ限界」が明確にされることで、意味論の基盤がつくられている。言語はなすべきことと本質的にかかわっており、言語の「有意味な」構成は、継続する実践としての社会生活の諸形態と不可分である（ibid.：4-5）。

　以上より強調しておきたいのは、ギデンズの相関的二重性の論理は、人間存在の有限性にもとづいているため、社会秩序の可能性を論じるにさいして、不可避的に信仰の要素をかかえこむということである。ところが、次節で検討するギデンズの「第三の道」構想においては、信仰が司る相関外部の領域までもが、「自己責任」の次元の問題として処理されてしまうという倒錯が生じることになる。

第4節　構造化理論の実践的展開としての「第三の道」

　ギデンズは1998年に、当時の社会民主主義に対する政策綱領を示した『第三の道』を刊行している。その骨子は、社会保障の充実をとおして、個人の平等をめざす社会民主主義と、国家の市場介入の抑制による自由市場の拡大をとおして、個人の自由や選択に重点をおくネオリベラリズムとの対立を克服する、というものである（Giddens 1998＝1999）。

　この「第三の道」においてとりわけ焦点化されるのが、〈平等〉をめぐる2つの主義の対立である。社会民主主義は主として、所得の再分配をつうじた「結果の平等」を志向するのに対して、ネオリベラリズムは能力主義を前面におしだす「機会の平等」を志向する。ギデンズはこの対立をのりこえるために、インドの経済学者A・センの社会福祉論[12]などによりつつ、諸個人の「潜在能力の平等」に、この対立克服の可能性をみいだしている（Giddens 2000＝2003：100-102）。ギデンズは次のように述べている。

　　平等と不平等は社会的・物質的財の利用可能性だけを指し示しているのではない。諸個人はそれらの財を効果的に使う潜在能力を持っていなければならない。平等を促進することを目的としてつくられた政策は、センが「潜在能力集合」と呼んだもの、すなわち、人が自らの幸福を追求するために保有している総体的な自由、を重視しなければならない。不利な立場は、「潜在能力の欠如」として、すなわち資源の欠如だけではなく、獲得されるべき自由の欠如として定義されねばならない（ibid.：100）。

　このように、諸個人の潜在能力の発揮を支援するという意味での平等がめざすのは、一律的な経済的給付よりも、各人の自己実現に向けた「人的資本」に投資するという、「ポジティブ・ウェルフェア社会」の構築である（Giddens

第 1 章　　A・ギデンズの構造化理論と信頼論

1998＝1999：196-197)。ギデンズの社会理論に詳しい田邊浩は、この発想に対して次のように述べている。

> ここには、かれの構造化理論に見られる人間観が如実に現れている。つまり、人間行為者というものは、単に社会の構造によって拘束されているものではなく、差異をもたらす能力（変換能力としての権力）を有した存在である[13]、ということである。……したがって、諸個人が持つさまざまな可能性を開花させるように支援を行うことが、国家の最も大切な任務となる。そうであるならば、結果における諸個人間の多少の差異は問題とならなくなるだろう（田邊 2003：51-52)。

　田邊はこのように、構造化理論における個人と社会の相関的二重性が、ギデンズの平等観にまで反映されていることを指摘する。ただし、田邊がここで強調しているのは、行為主体の産出する構造の「変換」の自由にかかわる平等であり、産出された構造が行為主体を「拘束」する側面の平等についてはふれられていない。それではギデンズは、平等の拘束的な側面についてはどのように理解しているのだろうか。

　ギデンズによれば、平等とはすなわち「包摂 (inclusion)」のことであり、裏をかえせばそれは、社会から「排除 (exclusion)」されていない状態をさす。包摂とは具体的には、社会の成員が保有する「市民としての権利・義務、政治的な権利・義務を尊重すること」であり、自己実現に向けた「機会を与えること、そして公共空間に参加する権利を保証すること」を意味する（Giddens 1998＝1999：173-174)。しかし結局のところ、ギデンズがここで主張しているのは次のことである。

> 「権利にはつねに責任が伴う」という命題に基づいた、新しい社会契約を構築することを提案する。公共財から利益を得る人々は、責任を持って公共財を利用するとともに、そのお返しとして、より広い社会共同体

へ何かを贈与すべきである。市民性の一つの特徴とみなされるがゆえに、「権利にはつねに責任が伴う」という命題は、市民だけでなく政治家にも、貧しい人々だけでなく金持ちの人々にも、私的な個人だけでなく営利企業にも、適用されるべきである（Giddens 2000＝2003：60）。

　ギデンズはこのように、社会の他の成員に対して、自己の行為の社会的責任を強調することで、第三の道構想における、自由と平等の両立をはかっているといえる。またそれにともない、信頼は「能動的信頼（active trust）」へと変貌することになる。ギデンズはこの能動的信頼という概念について、次のように述べている。

　　脱伝統化しつつある社会において高められる連帯は、他者に対する個人的かつ社会的責任の復活と一対になった、能動的信頼とよばれるものに依拠している。能動的信頼は、すでに確立された社会的地位、または、ジェンダー役割の保有権に由来する信頼であるよりも、むしろ自分で獲得していかなければならない信頼である。能動的信頼は自律と相対立するものではなく、むしろ自律を前提としている。さらに能動的信頼は、伝統的な拘束力によって遵守を強いられるものではなく、自由に遵守することが認められるため、社会的連帯の強力な源泉となる（Giddens 1994＝2002：27）。

　ギデンズによれば、能動的信頼をよせる「相手は、自分が頼りにすることができ、しかも頼りにすることが相互の責務になっていく人である」（ibid.：164）。しかしこの定義には問題がある。というのも、信頼に応えない＝社会的責任をはたさない人は、社会的に排除されるおそれがあるからである。もっとも、第三の道の構想では、そうした人々には自立のための教育や訓練が施されるので、それによって社会的包摂が達成されるとみなされる（Giddens 1998＝1999：184）。しかしそれにしても、そうした自己規律型社会から落ちこ

第1章　A・ギデンズの構造化理論と信頼論

ぽれた人間は、多くの論者の指摘するように、「自己責任」の烙印をおされる以外に回路がみいだせないようにも思える[(14)]。

　しかしそもそもの問題は、鈴木宗徳のいうように、自己責任論が「個人の外部にその責任を帰属させることができなくなること」(鈴木 2004:63)にある。その典型が、ギデンズの「純粋な関係性(pure relationship)」概念である(第3章第4節参照)。この概念は、「関係そのものが与える満足や見返りに根本的に依拠する関係」(Giddens 1991=2005:278)として定義され、能動的信頼にもとづいている。ところが、鈴木の指摘に反して、この関係性が前提とすることこそ、超越的要素をそなえたコミットメントなのである(ibid.:7)。

　それゆえ、能動的信頼とは〈信仰〉の別名にほかならず、したがってそれは、自己責任の外部領域、超越的領域を認める、もしくは必要とすることを示唆する。能動的信頼における、こうした自律的個人像と信仰の必要性の倒錯状況にかんしては、社会学者の「リスク社会」論に向けられた、檜垣立哉の次の見解が参考となる。

　　超越なき世界において、近代的な［主体性の］根拠が喪失されるのだとすれば、そこでは自己が自己への根拠とならざるをえない。だがその［本来は有限の］自己は、無限の外部を、ある種の確率計算においてしか捉えられないものとして保ちつづけている。……［その場合］主体は、リスク確率空間のなかに位置するだろう。だがそこでは、いまだ賭ける主体は問題化されていない。賭ける主体ではなく、謀略する主体、リスクを何処かでコントロールしている「かのように」見える主体の影が強調されてしまう。……社会学のリスク論は、リスクを生きる主体の統合性を問うかぎり、原理的に、こうした謀略者・無限の責任者・果たしきれない自己責任・それらを追求する倫理的な姿勢等を議論へ素朴にもちこむ効果をもつ(檜垣 2008:144-145)。

　補足すれば、ギデンズはコミットメントとしての信頼を論じることで、檜

垣のいう「賭ける主体」についても、一応言及しているといえる。問題はむしろ、この賭ける主体と、リスクをコントロールしている「『かのように』見える主体」とのせめぎあいを、ギデンズが解消してしまっている点にあるように思われる。

第5節　普遍的価値観の共有にもとづく社会的連帯の問題点

　前節で考察したことは、能動的信頼を基本にすえた社会的連帯の可能性を、ギデンズが模索しているということである。ギデンズはその一方で、グローバル化時代における、人々の「普遍的価値観 (universal values)」の共有にもとづく社会的連帯の可能性にも言及している。ギデンズは次のように述べている。

> 現在は、私たちが普遍的価値観……の出現を話題にできる、歴史上最初の時代であるという言い方ができるかもしれない。……人間の生の尊厳、普遍的人権、種の保存、それに現在の子ども世代だけでなく未来世代に対するケアという価値観……は、個人的責任と集団的責任の倫理を、当然のことながら含んでいる。これらの（価値に対する権利要求としての）倫理は、利害関心の相違を圧倒することができる。責任は義務ではない。……責任は義務と比較した場合、理由の詳細な説明を必然的にともなうため、やみくもな忠誠ではない。責任は狂信的行為と対立するが、独自の強制力をそなえている。なぜなら、自由に請け負うことのできるコミットメントは、伝統によって単に定められたそれよりも、より強大な束縛をしばしば有しているからである（Giddens 1994＝2002：35）。

　社会的連帯との関係でいえば、引用文の「個人的責任」は、主として能動的信頼関係にある相手に対する責任をさし、「集団的責任」は、人類の共有する普遍的価値観に対する責任をさしているといえる。私見では、社会的責

第 1 章　A・ギデンズの構造化理論と信頼論

任にかんする能動的信頼と普遍的価値観の差異は、〈歴史性〉の考慮の有無にあるように思われる。なぜなら、一方の能動的信頼は、ゼロから始まる未来志向の他者関係を前提とするのに対し、他方の普遍的価値観は、そこにいたるまでのあらゆる懐疑と対話の積み重ねをへた、「道徳的確信」(15) を表現しているからである（ibid.：317）。

　ギデンズは人類が共有する後者の普遍的価値観を、自律的個人のあいだになりたつ、能動的信頼の共同性とは異なる位相の〈共同性〉として把握することによって、「誰もが共通の利害関心を分かちあう世界」（ibid.：318）を標榜する。けれどもこのとき軽視されるのが、個別の文化や歴史を有する共同体の〈地域性〉である。この点を反映しているのが、ギデンズの次の見解である。

　　社会的連帯の問題は、「文化的セグメンタリズム」──地理的隔離によって守られる文化的コスモポリタニズム──の消滅を背景に理解される必要がある。セグメンタルなシステムにおけるローカル共同体は、排除をとおして、つまり、身内とよそ者の識別をとおして機能する。こうしたローカル共同体はまた、……家族やジェンダーという下部構造的伝統にも依存している。「共同体」を肯定的な意味でしか考えない人たちは、こうした秩序の示す内在的限界を思いおこすべきである。伝統的な共同体は抑圧的になるか、通常は抑圧的である。機械的連帯のかたちをとる共同体は個人の自律をおしつぶし、順応主義を強いる圧力をおよぼす（ibid.：163）。

　このように、普遍的価値観の共有にもとづく人類の統合は、ギデンズのいう「文化的セグメンタリズム」の消滅を背景におし進められることになる。ギデンズいわく、「今日、私たちは、数多くの他者が存在するが、同時にまた他者がまったく存在しない世界のなかに生きている」（ibid.：317-318）のである。いうまでもなく、ここでの「他者がまったく存在しない」というのは、

普遍的価値観が〈普遍的〉であるがゆえに、その共有にさいしてウチとソトの境界をとり払ってしまうからである(16)。

ギデンズはこのように共同体の負の側面、すなわちその境界設定による、個人の自由の〈犠牲〉を強調しているようにみえる。しかしながら、フランスの科学哲学者 J-P・デュピュイによれば、たとえば J・ロールズのような反功利主義（=反共同体主義）の立場は、功利主義が正当化する「犠牲の状況」を排除することによって、まさになりたっているという（Dupuy 1992＝2003: 137-208)。

個人の自由を尊重する自由民主主義の社会は、〈民主的〉な共同体であるがゆえに、共同体〈外部〉の人々への配慮を二次的なものにしてしまうという落し穴がある。その点では、「最大多数の最大幸福」をかかげる功利主義と反功利主義は表裏一体の関係にある。なぜなら、両者はあくまで共同体〈内部〉の自由を論じているにすぎないからである。

ところで、犠牲の論理を内包する共同体主義に批判的なギデンズの立場(17) は、ロールズ同様に反功利主義的である。だが他方で、ギデンズの議論は自己責任論につながる可能性があるように、結局は間接的な犠牲（たとえば、他人に甘える前にまず自分で努力しろ、といった社会的風潮を増長するなど）を人々に強いる発想であるといえる。結論としてギデンズの二重性の論理は、彼のめざすところとは裏腹に、社会の成員の包摂と排除の相関性を強める結果となる。つまり、包摂（統合）が進めば進むほど、排除（犠牲）の圧力が強まる論理を展開することになるのである。

【注】

(1) C・ブライアントと D・ヤリによれば、構造と行為の二元論を克服する試みは、ギデンズのほかにも、N・エリアス、A・トゥレーヌ、P・バーガーと T・ルックマン、P・ブルデュー、R・バスカーらにおいてなされている。そのうえで、他の論者とギデンズのちがいは、ギデンズの場合は「過去の理論の包括的な批判的領有」がより徹底しており、それによって彼の理論は「拡張的

第1章　A・ギデンズの構造化理論と信頼論

で体系的な性格」を有しているという（Bryant and Jary 1991：22, 24）。
(2) 再帰性については、すでにガーフィンケルが自身のエスノメソドロジーを展開するなかで、「行為の再帰的な説明可能性」（Heritage 1984：109）への関心を示している。J・ヘリテージによれば、T・パーソンズに代表される、従来の「行為理論が想定しているのは、規範の役割とは本質的に、すでに前もって確立されているか、前もって規定されているかのように扱われる状況のなかで起こりうる行動（conduct）を誘導し、規制し、確定し、もしくはそうした行動をひきおこすものとされる、ということである」（ibid.：108）。
　ヘリテージによれば、ガーフィンケルはこの発想を転回する。すなわち、行為理論における共通規範を、「前もって規定された行為の場面における行動を規制するものというよりは、むしろ、規範が適用される活動や展開中の状況から再帰的に構成される」（ibid.：109）ものとみなすのである。
　エスノメソドロジーはこの主張を、「会話分析」によって明らかにする。すなわち、会話のなかのコミュニケーション行為は、二重の意味でそのコンテクストにかかわっている。一方で会話行為は、それが関与するコンテクストを参照する以外に適切に理解することができないという点で、「コンテクストに形づくられている（context-shaped）」。他方で、会話行為は「コンテクストを更新する（context-renewing）」性格を有している。つまり、「『現在の』行為のたびに、行為それ自体が『次の』行為のためのコンテクストを即座に形成するので、次の行為を理解する枠組みづくりに貢献している」のである（ibid.：242）。
　エスノメソドロジーにおいてはこのように、会話行為におけるコンテクスト参照とコンテクスト形成（更新）の二重性が、再帰性として理解されている。
(3) ここでの「矛盾」は、G・ヘーゲルおよびK・マルクスの考察に由来する（Giddens 1979＝1989：146-151）。この点にかんして、先の岡田宏太郎によれば、ギデンズの構造化理論は、「マルクス理解の観点から現代社会学の諸潮流の対立を解決しようとする」ものである。よって「ギデンズの見解を理解することは、マルクスの思想を現代の社会科学の発展のなかでとらえ直すという意味ももっている」という（岡田 1994：190）。
(4) ギデンズが「構造主義は、間主観性の日常的構成において前提となる解釈作用についての説明を生みだしてはこなかった」（Giddens 1979＝1989：46）というとき、彼は構造主義における行為の再帰的モニタリングの欠如を指摘している。

(5) たとえば、いわゆる「伝言ゲーム」を考えてみるとわかりやすい。最初の伝言者から最後に伝言をうけとる者にいたるまでの伝言内容の変化は、その伝言の過程のなかで、個々の主観的解釈が介在することを実証している。

(6) ギデンズの「状況づけられた実践」理解は、アメリカの看護理論家P・ベナーとJ・ルーベルの「状況づけられた自由」概念に近似する面がある（Benner and Wrubel 1989＝1999）。ベナーらによればこの概念は、「特定の社会関係・意味・関心・道具の織りなす特定の状況に人が巻き込まれ関与している時に手に入れられる自由」(ibid.：450) として定義される。しかしそれは、J-P・サルトルのいう「根源的な自由」＝「任意の意味を意識的・意図的に選択し、それに従って生きることができるという自由」(ibid.：449) とは区別される。ベナーらは両者の根本的な相違点について次のように述べている。
「根源的自由とは、人間はいかなる状況に置かれようと、己れにとってのその意味を常に任意に選択できる、という近代的な考え方を指す。しかしこの考え方はある事実を無視している。意味の選択は、各人の個人的背景と文化と言語の枠内で用意されている意味に基づいてなされる、という事実である。人間が状況に出会うのは、自分に用意されているそうした意味と、それまでに形成してきた習慣・ものの観方を携えてのことであり、それらが体現している歴史によって、その都度の状況でその人に現に何が可能かは決まる。このように見るのが状況づけられた自由という考え方である」(ibid.：61-62)。

(7) それゆえ、ギデンズのいうdoing（おこない）は、行為主体の〈主体性〉を前提としているのではなく、むしろ「風が吹けば桶屋が儲かる」のように、ある偶然の事象に行為主体が介在するさま（＝流れ）をあらわしている。

(8) たとえば、ジンメルは次のように述べている。「人を信じることは、立証と反駁の問題の彼方にある領域においておこなわれ、その人にかんする嫌疑が客観的にきわめて根拠のあるものであり、また彼が信じるに値しないことが明白に検証されようとも、いくたびとなくそうした嫌疑や検証をこえて生きのびる。ここで人間に対する人間の関係にあらわれるのが、宗教的な信仰である」(Simmel［1912］2000＝1998：260)。
一方、ギデンズもまた次のように信頼を説明している。「信頼は、基本的にリスクではなく偶然性と密接に関連している。信頼には、人々の行為の結果にかかわるにせよ、システムのはたらきの結果にかかわるにせよ、偶発的結果に直面してもなおかつあてにできるという、言外の意味がある」(Giddens 1990＝1993：49)。

第1章　A・ギデンズの構造化理論と信頼論

(9)　あるいは三上剛史のいうように、ギデンズは「信仰という契機を現代に復活させようとしている」(三上 2013：79) と解釈することもできる。

(10)　この点を考えるうえで、相関主義の代表格のカントに対する、精神病理学者の内海健の次の指摘が参考となる。「カントの思惟の営みをみるとき、かつて主体を支えていた〈超越性-経験性〉の縦軸［＝超越性の水準］が、一転して人間の内部に移植されているさまが読み取れるだろう。人間は、二重化したのである。おのれ自身でおのれを律しなければならない。そして自己を超えつつ、同時に自己自身でなければならないのである。この二重化はしかし、自由を抱え込んだ単独者が、その不安の中で生み出したものである。ここにまさに近代の主体の原型がある」(内海 2008：19)。
ギデンズにおいては、そのように二重化した自律的主体が、近代の実存的不安を生きるなかで必要となるのが、不安の「カッコいれ」としての信頼であるが、それは自己の「超越性」に対応したものでなくてはならない。そこで、信頼もまた確信と信仰として、二重化せざるをえなくなる。

(11)　ギデンズによれば実践的意識とは、もともとはヴィトゲンシュタインが、「社会生活の多様なコンテクストのなかで『うまくやっていく』ための私たちの能力と呼んだもの」(Giddens and Pierson 1998＝2001：131) に由来する。

(12)　センのいう潜在能力とは、「人が行うことのできる様々な機能の組合せ」(Sen 1992＝1999：59-60) のことである。そして「機能」とは、「最も基本的なもの（例えば、栄養状態が良好なこと、回避できる病気にかからないことや早死にしないことなど）から非常に複雑で洗練されたもの（例えば、自尊心を持っていられることや社会生活に参加できることなど）まで含む幅の広い概念」(ibid.：6-7) をさす。
なお、上の定義にもあるように、センのいう潜在能力は、その人が「行うことのできる」機能にかかわるため、けっして無制限のものではない。そのうえで、その人に「なにができるかは社会のあり方からも影響を受ける」(ibid.：vi) ため、機能の組合せとしての潜在能力は、その人の福祉に直接かかわることになる。

(13)　ギデンズの見解では、「行為は、既存の状況や出来事のなりゆきに対して『差異をつくりだす』、個人の潜在能力に依拠している。行為主体が行為主体であるのをやめるのは、『差異をつくりだす』能力、つまり、何らかの権力を行使する能力を喪失したときである」(Giddens 1984＝2015：41)。ギデンズはこの「差異をつくりだす」能力のことを、「別様に行為する」潜在能力を意味する行為

能力として捉えている。
(14)　一例として、社会学者の鈴木宗徳は次のように述べている。「こうしたギデンズの思想は、『自由放任』型の新自由主義の思想とは対極にありながらも、それとは別の意味で空恐ろしさを感じさせるものである。言ってみれば、彼の思想は『放任』ではなく『訓育』である。直面する問題を克服するさい、内面世界のマネージメントに照準が絞られることによって問題はますます『個人化』し、その結果、人々はますます『自己責任』原理の罠に落ちこんでゆく」（鈴木 2006：129-130）。
(15)　P・バーガーと A・ザイデルフェルトによれば、モダニティという時代状況は、あらゆる事柄に対して「懐疑（doubt）」の態度で臨むことを私たちに要求するが、それは私たちが「根本的不確実性（basic uncertainty）」にさらされていることの裏返しでもある(Berger and Zijderveld 2009＝2012：133)。バーガーとザイデルフェルトは、こうした状況下で「道徳的確信（moral certainty）」を獲得する過程について、次のように述べている。
　「そうした確信の基礎は、人間とは何かということにかんする、歴史のなかで発展し、いったん獲得されるや普遍性をおびてくるような知覚［＝良心］である。いいかえるとこうなる。人類の尊厳の意味は歴史の一定の瞬間に知覚されるが、いったん知覚されるや、それはそうした瞬間を超越し、いつでもどこでも人間にとって本質的なものと考えられるようになる」(ibid.：155)。
　バーガーとザイデルフェルトは、道徳的確信の歴史的な事例として、奴隷制の廃止や拷問の禁止などをあげている（ibid.：155 以下）。もっとも、彼ら自身が指摘するように、道徳的確信は上にあげた例にくわえて、池に落ちそうな子どもを助けるなどの、「比較的少数の『純粋例』」に限られている。むしろ、道徳的判断を要する大多数の状況において、確実性をもって判断をくだすことは経験的に困難であり、「道徳的確信のなかにも懐疑の余地がある」（ibid.：167）。
(16)　人類の尊厳にかかわる普遍的価値観は、普遍的であるがゆえに〈外部〉をもたず、あるいはその〈外部〉に働きかける。その意味で、普遍的価値観は伝統的な共同体内部の解体をおし進め、共同体にとって有害なものとして作用する。以上を念頭におくならば、昨今の世界的風潮である排外主義や差別主義の台頭は、まさにこの〈有害な〉普遍的価値観に対する防衛反応として理解することができる。というのも、そうした主義の台頭は、民族・宗教・人種的差別、ならびに、社会的弱者の差別に対する「歴史の没却」（西谷

2017）と軌を一にしているからである。

(17) もっとも、ギデンズはP・ダイアモンドとの共同論文のなかで、旧来の平等主義とは異なる、グローバル化時代の「新しい平等主義」における社会的連帯の問題を、以下のように規定している。すなわち、新しい平等主義は「グローバル化の影響を認め、民族的・文化的多様性への支援と、強力な福祉国家のために必要な社会的連帯とが、トレード・オフの関係になりうることを受容する」必要がある。さらに、新しい平等主義は「ニューカマーをとりいれる方法をみいだすとともに、社会的連帯を維持するナショナル・アイデンティティの諸形態を構築することにより、統合の回復に焦点をあわせる」必要がある（Diamond and Giddens 2005：107）。

第2章　和辻倫理学と信頼論・良心論

　倫理学者の和辻哲郎は、個人と社会の二元論的対立をのりこえるべく、〈人間〉という日本語に注目する。すなわち、人間という言葉は〈個体〉としての人の意味と同時に、人と人との〈間〉としての社会（世間）の意味をもち、和辻はこの人間存在の二重性を、個人と社会の相互否定の運動として理解する。換言すれば、個人は社会からの独立（＝社会の否定）によって個人としてなりたつが、そのためには社会の制限（＝個人の否定）を必要とし、社会もまた、その否定としての個人間の結合を必要とするということである。

　以上を、和辻倫理学における〈相互否定の論理〉と表現するとすれば、和辻倫理学にはもう一つの論理が存在する。それが、全体の否定としての個の否定による、個の全体への還帰の運動としての〈二重否定の論理〉である。この二重否定の論理は和辻倫理学において、人々の共同性を基礎づける〈信頼〉の成立にかかわる論理でもある。しかしこの論理は個に対する全体の優位を説くものであるため、全体主義的な性格をおびる傾向がある。この点は従来から、和辻倫理学の問題点として指摘されているが、本章ではこうした和辻倫理学を、以上の2つの論理展開にそくして考察し、最終的に、和辻が二重否定の論理を主張するにいたった背景をさぐる。

第1節　相互否定の論理としての間柄

　和辻哲郎は主著『倫理学』上巻（1937年）において、「倫理を単に個人意識の問題とする近世の誤謬から脱却する」ことをかかげ、倫理学を「『人間』の学として規定」しようと試みた（和辻［1937-1949］2007a：19）。そのさい和

辻は、人と人との「実践的行為的連関」（同：53 以下）としての「間柄」に着目し、西洋近代思想にみられる個人と社会の二元論的対立の克服をめざしている。和辻は次のように述べている。

> 人間存在においては、まず個人を立してその間に社会関係の成立を説くこともできなければ、またまず社会を立してそこから個人の生成を説くこともできない。……一を見いだした時、それはすでに他を否定し、また他からの否定を受けたものとして、立っている。だから先なるものはただこの否定のみであると言ってよい。しかしその否定は常に個人と社会との成立において見られるのであって、両者を離れたものではない。いわばこの否定その者が個人及び社会として己れを現わしてくるのである（同：155）。

　以上の説明は次のようにいいかえることができる。すなわち、個人は諸個人の結合する社会から独立（＝否定）することで個人としてなりたつが、そのためには社会の〈制限〉が前提となる。一方、社会は個人の独立を制限（＝否定）することで社会としてなりたつが、そのためには諸個人の〈結合〉が前提となる、ということである。こうして和辻は、個人の「個別性」を否定する社会と、社会の「共同性」または「全体性」を否定する個人とのあいだに「相互否定」の関係をみいだし、この〈相互否定の論理〉を、人と人との実践的行為的連関＝間柄として把握する（同：154-155）。

　本章のはじめに述べたように、和辻はこの着想を、「人間」という日本語のもつ、「個体的」な性格（＝人）と「社会的」な性格（＝人と人との間、世間）の二重性のうちにみいだしている。つまり、人間という日本語は、英語の man やドイツ語の Mensch と同義語であることにくわえて、「人の間、すなわち『よのなか』『世間』を意味する」ということである（同：26-27）。以上をふまえつつ、和辻は人間存在の有する二重性について次のように述べている。

第2章　和辻倫理学と信頼論・良心論

　人間とは「世の中」であるとともにその世の中における「人」である。だからそれは単なる「人」ではないとともにまた単なる「社会」でもない。ここに人間の二重性格の弁証法的統一が見られる。人間が人である限りそれは個別人としてあくまでも社会と異なる。それは社会でないから個別人であるのである。従ってまた個別人は他の個別人と全然共同的でない。自他は絶対に他者である。しかも人間は世の中である限りあくまでも人と人との共同態であり社会であって孤立的な人ではない。それは孤立的な人でないからこそ人間なのである。従って相互に絶対に他者であるところの自他がそれにもかかわらず共同的存在において一つになる(1)（同：28）。

　この観点から人間の存在構造が理解されるとき、そこにみいだされる二重性は「弁証法的統一」として、すなわち、個別性と共同（全体）性相互の「否定の運動」（同：39）として理解される。それが先に述べた間柄の意味であり、和辻倫理学において人間存在は、そうした「間柄的存在」（同：155）として規定されることになる。こうして和辻は、個別性と共同性の相互否定によって特徴づけられる、間柄的存在としての人間を基本にすえた、独自の倫理学を構想するにいたる。和辻は次のように、間柄の特徴を2つあげている。

　一は間柄が個々の人々の「間」「仲」において形成せられるということである。この方面からは、間柄に先立ってそれを形成する個々の成員がなくてはならぬ。他は間柄を作る個々の成員が間柄自身からその成員として限定せられるということである。この方面から見れば、個々の成員に先立ってそれを規定する間柄がなくてはならない。この二つの関係は互いに矛盾する。しかもその矛盾する関係が常識の事実として認められているのである（同：89）。

　以上の間柄の規定は、前章で考察したA・ギデンズの「構造の二重性」

を連想させるが、実際のところ、和辻は『倫理学』上巻において、社会学者の諸概念に言及しながら、間柄概念の議論を進めている。和辻が特に注目するのが、以下にみるG・ジンメルの「相互作用」概念と、É・デュルケムの「社会的事実」概念である（同：156-173）。なぜなら、双方の概念の中心的要素である「結合（association）」と「強制（coercion）」は、間柄の「形成」と「限定」の契機、さらにはその弁証法的統一を理解する糸口となるからである。

まず、ジンメルにとって「相互作用（Interaktion）」とは、一定の衝動や目的をもった「個々の担い手たちから統一体、ほかならぬ『社会』が生じる」（Simmel［1908］1992＝1994：15）ことをさしている。ジンメルはそうした「孤立して並存する諸個人」から、「共存と互助という一定の諸形式」が生じる相互作用の特性を、「社会化（Vergesellschaftung）」と表現する（ibid.：16）。

和辻はジンメルのいう社会化を「社会的結合」と訳しながら、「かかる結合における相互作用の仕方は個人の行為を一定の仕方に限定するという意味を持たないであろうか」と疑問を投げかける（和辻［1937-1949］2007a：161）。ここで指摘されているのは、孤立して並存する諸個人が、「共同的存在において一つになる」ことを可能にする、社会化における限定的契機の欠如である。

和辻の理解では、ジンメルは社会化の限定的契機を、「他者についての心的な形像の一般化」に求めている。すなわちジンメルによれば、「あらゆる人間は自らのなかにもっとも奥深い個性の要点をもち、この要点は他者にあっては質的にかけ離れているため、……他者によってはけっして内面的に模写されることができない」。そのため、他者の考えをおしはかるには、他者の「一般化（Verallgemeinerung）」が必要になるとジンメルは主張する（Simmel［1908］1992＝1994：43-44）。この一般化の内実にかんして、ジンメルは次のように述べている。

　　職業または利害など、何らかの共通性において一体をなしているサークルの内部では、各々の成員が他の成員を、けっして純粋に経験にもとづ

第2章　和辻倫理学と信頼論・良心論

いてみるのではなく、このサークルが各成員の参与意識に課す、アプリオリな条件にもとづいてみている。士官、教会の信徒、官吏、学者、家族といったサークルのなかで、各人は他者を、自分のサークルの成員であるという自明な前提のもとにみている（ibid.：45）。

　一般化はそれゆえ、「社会的存在」（ibid.：41）としての人間にとっての「アプリオリな条件」とみなされ、それは所属する集団ごとに、その成員間の相互作用のなかで生じる。一方でジンメルは、行為の限定的契機としての一般化を、アプリオリな条件と個性の要点との兼ねあいから把握している。たとえばジンメルは、他者の表象において「一般化がつねに個性よりもより多く、同時にまたより少ないからには――変位、差引、補充をみいだす」（ibid.：46）と述べている。

　この点にかんして和辻は、ジンメルの個性の要点を、「それぞれの相互作用において普遍化［＝一般化］されぬもの、すなわちその社会の外にあるもの」（和辻［1937-1949］2007a：164）として理解する。たとえば、友人や家族など親密な関係における相互作用においては、関係外部の要素としての他者の個性はおおい隠され、一般化による他者表象の程度が増すこととなる。対照的に、仕事上の関係など公的関係においては、一般化の程度は限られており、それだけ他者の表象は関係外部の要素に委ねられることになる。以上より、和辻は先の疑問に対して次のような回答をだす。

　　ジンメルが相互作用の「仕方」と考えるものは、行為の限定としての「仕方」なのではなく、普遍化の程度に応じてそれぞれに異なる相互作用の種類にほかならない。そういう普遍化の種別がアプリオリとして認められる（同：163-164）。

　私見では、和辻のこうしたジンメル理解は、ジンメルの一般化を、ドイツの哲学者K・レーヴィットの「として」論の発想に結びつけているように思

われる。レーヴィットによれば、人間は他者関係の変化に応じて、子どもに対する親として、夫に対する妻として、生徒に対する教師として、さまざまな役柄を「〇〇として」ひきうけている (Löwith 1928=2008 : 131-137)。そうした「として」による限定的契機を、和辻はジンメルの一般化のはたらきに認めているのである。

それでは、「として」をひきうける張本人は一体何者なのか。それこそが、関係外部の要素としての個性の要点である。しかしながら、この一般化と個性の要点の並置が、個別性と共同性の相互否定を強調する和辻にとっては批判の的となる。要するに和辻は、ジンメルの相互作用論が行為の限定的契機を一般化に求めることで、「個人はその個別性を否定制限することなく、単に普遍化の側面を働かせることによって相互作用に入り得る」(和辻 [1937-1949] 2007a : 163) と、理解するのである。けれども和辻の考えでは、ジンメルの一般化を共同性とみなすには、その否定としての個別性をさらに否定する強制的契機が必要となる。

そこで和辻は次に、デュルケムの「社会的事実」概念の考察に向かう。社会的事実とは、法や慣習の規則に定められた諸義務にそなわる「ある命令と強制の力」であり、私たちが「これに抵抗しようとするや否や、強制は事実となってあらわれる」(Durkheim [1895] 1960=1978 : 51-53)。和辻はそうした義務の履行／不履行のうちに示される社会的事実に、一定の強制的契機を認めるデュルケムを評価する。そこには「個人が社会に背き得るのでなければ強制ということはあり得ない」が、「個人を社会に服属させるのでなければ強制とは言えない」という、二重性の論理が認められるからである (和辻 [1937-1949] 2007a : 171)。

デュルケムは一方で、この強制的契機を可能にする条件を、人と人との「結合」に求めている。社会は結合の原理によって「諸個人の単なる総和」であることをやめ、「固有の諸属性を備えた独特の一実在」としてあらわれる。集合的なものにとって個々の意識は、それを生みだす必要条件ではあっても十分条件ではない。社会生活の成立に必要なのは、個々の意識が一定の様式

で結合することなのである（Durkheim［1895］1960＝1978：207-208）。

　だが、結合の原理がいかにして強制的契機をもちうるのか。このことを和辻は問題視する（和辻［1937-1949］2007a：172-173）。社会を個人の側からすれば、固有の諸属性を備えた独特の一実在とみなすことにより、社会の全体性から個人の個別性を確保することは可能である(2)。けれども、結果としてそれは、個人と社会の二元論的立場にとどまらざるをえなくなるのではないか。

　和辻はこの問題を解決するにあたり、「『共同性の廃棄としての個別性の廃棄』」（同：175）という二重否定の定式をたてる。これは先に言及した相互否定の論理を、いわば垂直的に捉えなおしたもので、二重否定の行きつく先には、自他の「共同性」の成立が想定されている。次節で考察するように、この考え方自体には議論の余地があるといえるが、少なくともこの定式にたてば、（個人の）結合と（社会の）強制の両契機を等しく扱うことができるようになる。というのも、結合も強制も「個別性の廃棄」という意味では、同じ事態をさしているからである。

第2節　和辻倫理学における二重否定の論理

　本節では、前節の最後に言及した、和辻倫理学における「共同性の廃棄としての個別性の廃棄」、別の言い方をすれば、全体性の否定としての個別性の否定という、〈二重否定の論理〉について検討する。和辻は次のように述べている。

　　個人は全体性の否定であるというまさにその理由によって、本質的には全体性にほかならぬ。そうすればこの否定はまた全体性の自覚である。従って否定において個人となるとき、そこにその個人を否定して全体性を実現する道が開かれる。個人の行為とは全体性の回復の運動である。……人倫の根本原理は、個人（すなわち全体性の否定）を通じてさらにその全体性が実現せられること（すなわち否定の否定）にほかならない（和辻

[1937-1949] 2007a：40)。

けれども、こうした個人と全体性の「否定の否定」論理には、湯浅泰雄の指摘する以下の問題が含まれている（湯浅 1981：269-270)。すなわち、和辻において「間柄と個人の関係は一応相互否定的にとらえられるが、和辻倫理学では、基本的には間柄、つまり全体性の方が個人よりも優位に立っている」というものである。湯浅はその要因として、和辻が「倫理を単に個人意識の問題とする」という、西洋近代思想の批判を出発点としていることのほかに、次の点をあげている。すなわち、「経験的にみる場合、一定の間柄というものは常に歴史性をおびている」という現実である[3]。

私見では、「否定の否定」論理は、個人と全体性（社会）にとって相互的な事態であり、全体性の否定である個人の否定が全体性であるならば、個人の否定である全体性の否定が個人であることも考慮にいれる必要があるように思われる。ところが和辻は、「人間存在はただに個と全との間の否定の運動たるにとどまらず、さらに自他分裂において対立する無数の個人を通じての全体性の回復でなくてはならない」（和辻 [1937-1949] 2007a：41-42) と主張する。つまり、後者の側面をむしろ強調した議論を展開するのである。

この点を和辻倫理学の問題点として指摘するのが、和辻倫理学とハイデガー哲学の比較を試みている H・リーダーバッハである。リーダーバッハの見解では、和辻の『倫理学』という著作は、「個人の否定ならばさまざまな具体例において詳細に究明されているのだが、……逆に社会の否定がどう考えられるべきか、ということは判然としない」。しかし、「二重の否定の運動も、正しく理解されるならば、現存在の二つの局面の一方に優位を認めることを許さないものである」（Liederbach 2001＝2006：146-147)。それゆえ、「二重の否定の運動とそこから帰結する個人に対する社会の優位がなにによって動機づけられているのか」（ibid.：151) ということを、和辻はさらに説明する必要があるのである。

論点は、先の湯浅のいうように、和辻倫理学の特徴が「当為 Sollen をそ

のまま存在 Sein とみなし、両者の理論的区別を認めないところにある」(湯浅 1981：291)。つまり、あくまで人間「存在」にそくした相互否定の論理は、個に対する全の優位を説くことによって、和辻の規範的主張を反映した、人間存在の「当為」にかかわる二重否定の論理に転化する、ということである。和辻の間柄概念における、この論理の分岐点を理解する手がかりとなるのが、宇都宮芳明の次の指摘である。

> 和辻氏はまず、人と人との間の問題を、個と全の間の問題に置き移した。人間存在の根本構造は、まずもって人間における個と全の二重構造として解明されるのである。なるほど和辻氏は、そこから人間の個の契機のみを重視する個人主義的倫理学と、逆に全（社会）の契機のみを重視する社会倫理学を、いずれも一面的な観方として斥けることができた。しかし人と人との間は、まずもって個と個の間ではなかろうか。……さらに言って、個は全体との関係においてのみ個なのであろうか。個が個であるのは、むしろその個がそれ自身また個である他の個との関わりにおいてではないであろうか。全に対する個というのは、実は真の意味での個ではなく、有機体における各細胞のように、全の部分であり、全の構成要素にすぎないのではないか(宇都宮 1980：106-107)。

引用文の前半部で宇都宮が指摘しているように、和辻倫理学は「個人主義的倫理学」と「社会倫理学」の二元論的対立を克服する目的で構想されているので、当然個と全の関係が問題となる。この点にかんして、宇都宮が後半部で批判する、和辻の「全の構成要素」としての個という見方は、どのように評価するべきだろうか。私見では、たとえばギデンズのいう「行為主体(agent)」は、同時に、構造の「代理人(agent)」と訳すことも可能であり、和辻の見方もまた、完全に的はずれなものとはいえないように思える。

ただしギデンズの場合は、意図せざる結果をともなう「行為能力」に言及することで、構造の全体性の単純な表現者として行為主体を理解することを

回避している。一方、和辻の場合は個と全の関係が反転的であり、全からみれば個はその構成要素ということになるが、個を前景化すれば、全はその後景にしりぞくというような見方が根本にあるといえる（本章第4節における、公私の反転の議論も参照）。

　もちろん、宇都宮の批判は、和辻が「個と全の間」のみに焦点をあて、「個と個の間」を考慮していないということにあるが、はたして本当にそうなのだろうか。たとえばその反証として、和辻は以下の「ひと」という日本語の説明において、個と全（自己と世間）の関係と、個と個（自己と他者）の関係の双方に言及していることが確認される。

　　「ひと」の物を取るというのはanthrōposの物を取ることではなくして「他人」の所有物を盗むことであり、「われひとともに」という場合には我れとMenschとが並べられるのではなく自他ともにということが意味せられる。が、さらに他人という意味は不定的に世人という意味にまでひろげられる。「ひとはいう」とはman sagtと同じく世人はいうの意である。……かく「ひと」という言葉が我れに対する他者の意味からして世間の意味にまで発展するとともに、他方で、その他者に対するわれ自身が同様に「ひと」であるということもまた見失われてはいない。……自分に対する干渉を斥ける場合に、「ひとのことを構うな」という。それは他人のことにかかわるなという意味を通じて、汝にとっての他人たる「我れ」にかかわるなという意を現わすのである（和辻［1934］2007：21）。

　このように「ひと」という言葉は、その使用状況に応じて、自己、他者、世間の意味に変化する。このことからも、必ずしも和辻が個と個の関係を無視しているわけではないように思われる。ただし、「ひと」という言葉の多義性に着目することによって、自己と対面する〈二人称〉の他者（＝あなた）が、〈非人称〉の世間（＝ひと）と同義に扱われることになるのもたしかである。

その結果、個と個の間柄は個と全の関係にまで拡張されることになり[4]、結局この点が、宇都宮の批判の要点であったと考えることができる。

第3節　和辻の信頼論

　和辻の二重性の論理は、対面する個と個の関係における実践的行為的連関＝間柄が、同時に、個と全の関係にまで拡張する立論となっていると前節の最後に述べた。私見では、和辻はこの拡張解釈にしたがって、自身の相互否定の論理が、社会秩序の可能性または日常生活の自明性として展開されるように、これを二重否定の論理に仕立てあげている。二重否定の論理は以下にみるように、和辻倫理学を基礎づける間柄のかなめとなる、他者への〈信頼〉という現象を説明するための論理でもある。

　信頼ということにかんして和辻は、「人間関係は同時に信頼の関係なのであり、人間関係のあるところに同時に信頼が成り立つ」（和辻［1937-1949］2007b：25）と主張する。すなわち、人間関係とは間柄の形成そのことであり、信頼関係はその意味で、他者との実践的行為的連関のなかで生起するものとされる。ただし、信頼関係の成立のためには、他者との「信頼関係においてその信頼に応え、またその信頼に価するように行為する」（同：32）ことを意味する、「まこと」（＝真実／誠実／忠実）が必要であると和辻は考える[5]。

　ゆえに、和辻倫理学において信頼とは「心情の問題」ではない。そうではなくて、「まこと」にもとづく「人と人との社会関係［＝間柄］を『信頼関係』として捉えた」のである（相良［1980］1998：79）。このことは、前章のギデンズの信頼論との異同を考えるうえで重要である。というのも、ギデンズは「存在論的不安」という観点から、信頼を心理学的に解釈することで、信頼を個人の心情の問題に還元しているからである。

　だが一方で、「人間関係は同時に信頼の関係なのであり、人間関係のあるところに同時に信頼が成り立つ」という和辻の主張に対しては、湯浅泰雄の次のような指摘がある（前節の引用箇所と一部重複）。

彼の独特な考え方は、当為 Sollen をそのまま存在 Sein とみなし、両者の理論的区別を認めないところにある。……人間関係（間柄）が存在していることそのものが既に信頼関係の存在に支えられているのであり、その本質に従うことが相手に対する「真実」（まこと）をつくすことなのである。……現実の人間関係においては、しばしば裏切りとか不信、憎悪といった、信頼に反する現象が起る。しかしこれについては彼は全く問題にしない。なぜなら、それは人間関係を破壊することであり、「人間」の本質に反することであるから、とりあげるに値しない問題なのである（湯浅 1981：291）。

　湯浅が指摘する論点の一つである「信頼に反する現象」について考えてみる。和辻は信頼を裏切ることにかんして、「人を欺くのは信頼の裏切りであって、信頼なきところには起こり得ぬ」（和辻［1937-1949］2007b：30）と述べている。しかしそれは、信頼を前提としているというよりは、人間関係の「まこと」としての信頼関係が「起こらない」ことを前提に、行為によってこれを否定し、「起こるべき」（＝当為）ものとする、というように解釈することができる（同：38；相良［1980］1998：80）。この点に関連して、和辻は信頼関係における「まこと」について、他人と約束を結ぶ行為を例に、次のように述べている。

約束を結んだ人と人とは、いまだ起こらざる未来的関係によってすでにあらかじめ現在の存在を規定するのであって、その限り約束そのものがすでに信頼の行為である。約束に忠実であるのはこの信頼を実現して人間存在の真相を起こらしめることであり、約束に背くのはこの信頼の裏切りである（和辻［1937-1949］2007b：31）。

　補足すれば、和辻のいう「真相」は、「真実」や「真理」ともいいかえられるものである（同：26）。和辻にとって真相や真実は、行為によって「起こ

第2章　和辻倫理学と信頼論・良心論

らしめる」ものであり、それによって他者とのあいだに信頼関係が成立すると考えられている。たとえば、病人に対して病状の真相を告知しないといった配慮がみられるのは、この配慮こそが、病人とのあいだに築かれる〈真実〉なのであり、したがって、和辻においてこの配慮は〈虚偽〉にはあたらないことになる。和辻からすれば、「真実と虚偽との問題は畢竟対人関係において定まる」（同：30）のである。

裏をかえせば、真実は虚偽を地盤としてはじめてなりたつ、ということでもある。しかしそれは、和辻の本意とは異なるのではないか。間柄に基礎をおく和辻倫理学において、真偽の区別は二元論的なものではなく、あくまで真実と虚偽の相互否定の関係のなかで捉えられるべきものだからである。この点にかんして和辻は、先の約束を結ぶ行為を例に、次のように述べている。

> ［約束という］自他対立を貫通せる未来的合一が、……未来的であるというちょうどその理由で、起こらないこともできる。しかるにそれが起こるのは、起こらない可能性を否定するがゆえである。従って忠実は、裏切り得る者がその裏切りの否定において従属することを意味する。……言いかえれば、忠実はそのあらゆる瞬間に裏切りの可能性を含みつつ、しかもそれを否定し続ける運動なのである（同：46-47）。

この場合、他者に対する信頼と裏切りの可能性に先後関係はなく、両者は相互的な事態として理解される。実際、いわゆる「嘘つき」が存在するためには、そうよばれる人物とのあいだに、前もって信頼関係が成立していなくてはならない。そもそも、信頼に値しない人を嘘つきとみなす必要はないからである。このことに鑑みれば、信頼は裏切りに先行することになる。しかし一方で、友人との未来の約束を守るなどの場合は、裏切りの可能性が信頼に先行しているともいえるのである。

とはいえ、以上はあくまで相互否定の論理を前提とした筆者の解釈である。先の引用文は結局のところ、信頼の否定としての裏切りの否定による、信頼

の成立を目的とした立論となっており、「全体性の回復の運動」にかかわる二重否定の論理に立脚したものとなっている。現に和辻は、約束を結ぶという行為が、「人間関係において既存の信頼を背負いつつ将来の関係を形成することである」と述べる。そして「約束を結ぶ以上は、まだ起こらないことが必ず起こることとして信頼される。……過去を背負いつつ将来的な合一をあらかじめ形成するのが約束である」と主張する（和辻［1937-1949］2007a：376-377）。

　この場合の約束を結ぶ行為においては、「既存の信頼」や「過去」を背負うことが強調される。しかしそれによって、未来（の約束）にかかわる信頼が、「『現在』において克服されなければならない」という「信頼の逆説」は閑却され（熊野 2003：105）、信頼行為は既存の間柄を回復する運動の性格をおびることになる。実際和辻は、次のように信頼を定義づけている。

　　信頼の現象は単に他を信ずるというだけではない。自他の関係における不定の未来に対してあらかじめ決定的態度を取ることである。かかることの可能であるゆえんは、人間存在において我々の背負っている過去が同時に我々の目ざして行く未来であるからにほかならない。我々の現前の行為はこの過去と未来との同一において行なわれる。すなわち我々は行為において帰来するのである（和辻［1937-1949］2007b：24）。

　和辻倫理学における「帰来する」行為の強調の背後には、前節で説明したように、個に対する全体性優位の考え方がひそんでいる（湯浅 1981：269）。なおこの全体性には、熊野純彦の指摘するように、「けっして断絶することのない、事実としての伝統（と和辻がかんがえるもの）が、同時に規範となる次元」（熊野 2003：108）がみこまれている。すなわちそれは、古代日本の倫理思想の徳目とされる、「『私』なき清明なる心」（和辻［1937-1949］2007b：43）である。和辻はこの「清明なる心」について、次のように説明する。

第2章　和辻倫理学と信頼論・良心論

私心を没して全体に帰依するとき、人は何の隠すところもなく人々と融け合い、人に何らの危険も感じさせず、従って他からの排除の鋒先を感ずることもなく、朗らかな、明るい、きしみのない、透き徹った心境に住することができる。これを古代人はキヨキ心、アカキ心として把捉したのである（和辻 [1952] 2011：125-126）。

こうした清明なる心の説明にみられる、和辻の全体性尊重の姿勢は、次のような道徳判断を導くことになる。すなわち、「人は何らかの共同性から背き出ることにおいて己れの根源から背き出る」ことを「悪」とみなし、その「根源への復帰」を「善」とみなす、というものである（和辻 [1937-1949] 2007a：202 以下）。信頼論との関係では、和辻は「信頼に答え真実を起こらしめることが善であり、この善を起こらしめないことが、すなわち信頼を裏切り虚偽を現われしめることが悪である」（和辻 [1937-1949] 2007b：48）と述べている。

その意味で和辻の信頼論は、前章でふれた H・ガーフィンケルの信頼論に近似する面がある。というのも、和辻において信頼という行為は、社会規範や社会道徳の維持に向けられているからである。同時に、こうした善悪二元論的な和辻の主張には、自己の帰属する〈共同体〉を尺度とした善悪の価値判断が介在することになる。つまり、共同体の利益に資することが善であり、それが信頼（に値する人）の尺度となるのである。次節ではこの点についてさらに検討する。

第4節　和辻の良心論

和辻の考える信頼関係としての間柄は、人が道に迷ったとき、見知らぬ他者に気軽に道をたずねることがあるように、他者との〈対面的〉相互行為一般に成立するものとみなされる。だがたとえば、他人に気軽に道をたずねるのではなく、それをためらう場合はどうなるのか。あるいは、インターネッ

トを介したソーシャル・メディアの発達・普及した現代においては、他者との〈非対面的〉相互行為の機会が飛躍的に増大しているが、和辻の信頼論はそこまで射程におさめているのだろうか。要するに、先に湯浅の指摘した、不信や裏切りといった「信頼に反する現象」が、非対面的相互行為においては顕在化するように思われるのである。酒井直樹の次の指摘は、この点を突いているといえる。

> 和辻にとっては信頼は間柄に帰するから、信頼はまず既存の実践的連関、すなわち、主体としての全体性の表現となる。だから、信頼は新しい社会関係を創造する契機とは定義されておらず、むしろ逆に、間柄に常に伴っており、欠如した時にのみ知り得る事態とされる。個別性が全体性の否定であるように、信頼は常に既に存在する全体性の派生的効果であって、欠如態においてのみ知られ得るものとされるのである。つまり、間柄においてひとは不安をもたず、他人への信頼にすっかり漬っていることになる。和辻の信頼概念から慎重に除去されているのは信頼のもつ投機的(aleatory)・冒険的な側面であることは明らかだろう(酒井 1997：117)。

たしかに、和辻の信頼論においては、自他の相互行為における「不安」の要素は認められない。しかもその議論は、対面的相互行為としての間柄を基礎としているために、「新しい社会関係を創造する契機」たりうると同時に、「投機的・冒険的な側面」を有する、非対面的相互行為を看過しているところがある。

だからといって、和辻倫理学のなかにそうした契機がまったくみいだせないわけでもない。その鍵をにぎるのが、『倫理学』第二章第六節「信頼と真実」につづく、第七節「人間の善悪　罪責と良心」における良心論である。和辻は次のように述べている。

第2章　和辻倫理学と信頼論・良心論

　第一に良心の現象は己れの行為に関するものである。他の人の行為の善悪是非を判別する作用は、道徳的認識でもありまた道徳的感情でもあるが、しかし我々はそれを良心とは呼ばない。たとえば他の人の裏切りの行為を見て憤激するとき、自分は良心の声を聞くのではない。それに反して自分が裏切りの行為をなした時には、自分の奥底から責める声が聞こえる。またかかる行為をなそうとする時には、明らかに「気がとがめる」。我々が良心と呼ぶ現象はかく我々自身の内部から我々自身の行為に向けられた「責め」「とがめ」なのである（和辻［1937-1949］2007b：74）。

　この引用文には2つの論点がある。一つは、良心があくまで「己れの行為」に対する善悪の判別にかかわることであり、もう一つは、その判別が、自己自身の「内部」から生起する「責める声」（＝罪責意識）を基準としていることである。このことからもわかるように、良心という現象は信頼とは異なり、自己の行為を第一の基準としているため、非対面的相互行為の次元を射程におさめた社会秩序の可能性を論じているといえる。
　さらに、良心における2つの論点のうち、前者の論点は、いわば良心の〈自由〉にかかわる問題として、後者の論点は、いわば良心の〈呵責〉にかかわる問題として整理することができる。前者にかんしては、哲学者の石川文康のいうように、良心とは「自己の行為の善悪に関わる能力」であるが、「善悪を判定する能力はそれ自体善でも悪でもない」。したがって、良心は「善悪に中立的」なものとして理解される（石川2001：112）。
　良心の中立性は良心の自由に結びつくが、それだけでは独善的な道徳判断をおこないかねない。そこで必要となるのが良心の有する罪責性であり、この罪責性が、主観的な良心のうちに客観性（他者性）をもたらすことになる。事実、自己の良心にしたがう意味での自由は、良心の呵責によって、その良心にさからうことへの抵抗をうけている。逆に、自己の良心にしたがってよかれと思ってなしたことが、思わぬ反感をまねくことがあるように、良心の呵責は良心の自由をへて形成されうるものでもある。和辻の良心の定義はこ

のように、良心の中立性と罪責性との相互否定的関係として解釈することができる。

　ここまでは、和辻の良心論を相互否定の論理にそって考察してきたが、和辻自身は実際には、良心を「全体性の回復の運動」＝二重否定の論理の観点から、「本来の全体性の呼び声」（和辻［1937-1949］2007a:41）として論じている。すなわち和辻によれば、「この声に反抗するのは裏切りの是認でありこの声に聴従するのは信頼の回復である。前者は根源より背き出る方向を固定することであり、後者は根源への還帰の運動である」（和辻［1937-1949］2007b：79）。

　ところで、こうした「呼び声」としての良心に言及したのはM・ハイデガーである。和辻とハイデガーに共通するのは、両者が「『民族』としての『本来的自己』への『回帰』を法として立てる〈民族の哲学〉」（高橋 1992：97）を展開している点にある。

　和辻の定義では、民族とは「『血と土との共同によって限界づけられた文化共同体』」のことである。「血と土との共同」という表現については留保が必要なものの、ここで重要なのは、和辻が民族の「閉鎖性を承認」していることである。なぜなら、その意味するところは、「あらゆる民族の特殊性を互いに認め合い理解し合うことによって、おのが特殊性を超え閉鎖性を打破する道を開く」ことにあり、民族の多様性に対する和辻なりの配慮がみられるからである[6]（和辻［1937-1949］2007b：443-444）。

　ところが和辻は、民族の「閉鎖性を打破する道」を、民族間の相互関係に求めるのではなく、国家それ自体に求めることになる。和辻の見解にしたがえば、「国家のみがその閉鎖性にもかかわらず『公』そのものと呼ばれ得る構造を持っている」からである。つまり国家とは、家族から文化共同体（民族）にいたる「人倫的組織の発展的連関を自覚し確保する」、各々の共同体「すべての段階を超えるとともにそれらを己れの内に保持」する、「人倫的組織の人倫的組織」なのである（和辻［1937-1949］2007c：16-18）。

　黒住真のいうように、ここには「公私を『全体』と『個』という概念と重ねてとらえる」発想が認められる。ただしこの発想は、「ヨコの輻輳性を欠き、

第2章　和辻倫理学と信頼論・良心論

上下・全-個の階型的な包摂関係に収斂するような(いわゆる『タテ社会』的な)構造化を示す」ものである(黒住 2006：509-510)。それゆえ、「国家の活動において我々は常に私的存在が公に転ぜられ、人倫の体系の一契機として生かされるのを見るのであって、国家自身の『私』に出逢うごときことはない。『私』を『公』に転ずる運動はそれ自身『私』であることはできないのである」(和辻〔1937-1949〕2007c：19-20)。

　先にみた二重否定の論理が、ここでは「公」の否定としての「私」の否定のかたちで展開されることになる。すなわち、起点としての「公」は、「己れより低次のあらゆる全体性を己れの内に包摂するが、己れ自身はもはや他の有限全体性の内に包摂されない」ような、「究極的な全体性」として考えられているのである(同：30-31)。結局、こうした論理の帰結として、次のような全体主義的主張に和辻は行きつくことになる。

　　国家がそれぞれの人倫的組織の体系的自覚として高次の人倫的組織であるように、国家の成員もまたそれぞれの成員性の体系的自覚として高次の成員性を持たなくてはならぬ。ここでは……一切の自由をさえも自ら放擲して究極的な人間の全体性に没入するところの究極的な去私が要求せられるのである(同：33)。

「全体性の呼び声」としての良心には、もはや良心の自由は認められない(堀 2009：164-168)。さらにいえば、この場合、良心の罪責性は普遍的なものではなく、自己の帰属する共同体の利害をめぐる罪責性にかかわるものとして理解される。

　ここで注目したいのが、二重否定の論理にもとづく良心論の功利主義的性格である。政治学者の丸山眞男によれば、「日本の原型的思考様式」における、価値判断の基準の特徴としてあげられるのが、「集団的功利主義」「心情の純粋性」「活動・作用の神化」である。このうち、心情の純粋性を象徴するのが、先に言及した「清明なる心」である。丸山によれば、清明なる心にみられる

心情の純粋性は、(自己の)「行為の自己の共同体への現実的作用の利害という規準」と結びついており、集団的功利主義と相関関係にあるという(丸山1998：59-63)。丸山は集団的功利主義について次のように説明する。

> 日本の原型的思考様式における善悪は、外から自己の所属する共同体に福利や災厄をもたらすもの、すなわち呪術と結びついて、共同体に益あるいは害を与えるものという集団功利主義的な価値基準を含んでいる。善は自己の共同体に益になるもの、悪は自己の共同体に外から害を与えるもののことなのである。功利主義というのは本来、一切の事物や権威を個人の幸福という基準で裁く、きわめて主体的な個人主義なのだが、ここでは集団への奉仕から離れた……個人的利益の追求は、まさにこの特殊な「功利主義」のゆえに、厳に排斥される(同：59-60)。

その意味で、共同性や全体性への背反を悪とみなし、そこへの復帰を善とみなす和辻の二重否定の論理は、集団的功利主義の立場と親和的なものとして理解する必要がある。この点は、前章のギデンズの社会理論を特徴づける、反功利主義的性格のかかえる問題点をふまえると興味深い。というのは、個人と社会の二重性を〈相関的〉に理解するならば、和辻の議論は相互否定の論理を導出するが、その場合、ギデンズにおいて典型的なように、共同性の確保を妨げるおそれがある。だからこそ和辻倫理学には、もう一つの二重否定の論理が必要となるのである。

第5節　和辻倫理学が二重否定の論理にいたる背景について

前節でみたように、和辻の良心論は相互否定の論理から一転して、二重否定の論理に傾斜するようになる。この点を理解するためには、和辻の二重否定の論理が〈共同性〉の成立にかかわることを確認する必要がある。

ここで当時の時代状況を考えると、和辻の一連の倫理学関係の著作(1931

第2章　和辻倫理学と信頼論・良心論

年「倫理学」論文、1934年『人間の学としての倫理学』、1937年『倫理学』上巻）は、すべて1930年代に発表されたものである。子安宣邦によれば、日本において「ネイション」としての「民族」概念が成立したのが昭和初期であり、この頃から「民族とその同一性をめぐる学問的言説」が展開されるようになる（子安 2010：23）。よって、和辻倫理学構築の背景の一つに、民族的共同性の確立をめざすという社会的な気運が高まっていた点を、まずは考慮にいれる必要がある。

　くわえて重要なのが、当時の日本社会における資本主義経済の浸透である。和辻は『続日本精神史研究』（1935年）所収の「現代日本と町人根性」において、日露戦争を契機とした日本の資本主義化が、明治維新以来の「攘夷主義」と「開国主義」の対立図式を解消したとみる。和辻からすれば、それは「共同社会的自覚と利益社会的発展との相互制約が破れて、ただ利益社会的な発展にのみ傾いたということを意味する」のである（和辻［1935］1962：446-447）。

　子安のいうように、和辻における「共同存在的な人間の倫理学の構想は、この危機意識に発する」（子安 2010：185）ものといえる。ただし、和辻の危機意識は「日本の国家的変質」にあるのではなく、むしろ「国民の意識の変質」にある（同：187）。だからこそ和辻は、「共同社会」そのものではなく、共同社会の成員の「自覚」を問題視するのである。

　それでは、相互否定の論理から始める和辻が、この論理を二重否定の論理に転化する契機は何なのか。一つの契機として考えられるのが、和辻のハイデガー受容である。子安によれば、和辻はドイツ留学時の1927年に刊行された、ハイデガーの『存在と時間』にふれ、帰国後、留学前に構想されたと推測される「倫理学」論文を書き改めた、『人間の学としての倫理学』を刊行する（同：55-57）。ここで特徴的なのが、K・マルクスの「実践的」な「社会的諸関係の総体」としての〈人間〉規定（次章参照）から出発する「倫理学」論文と、その改稿版の『人間の学』とのあいだに、マルクスの強調という点で断絶がみられることである[7]（同：63-68）。

　本章第1節で考察したように、和辻倫理学の出発点は、人間存在を実践的

行為的連関としての間柄的存在とみなすことにあり、ここにマルクスの痕跡をみても不思議ではない[8]。ところが子安によれば、「和辻における倫理学的展開はマルクスと共に始まりながら、その始まりを自ら消していく。社会的存在という感性的・人間的活動すなわち実践によるマルクスの人間的本質規定は、やがて和辻では間柄的存在という倫理的関係性（人倫）による人間的本質規定に置き換えられていく」（同：72-73）のである。

子安はこのおきかえの経緯を、「解釈学」をめぐるハイデガーと和辻の理解の相違に求めるが、ここではハイデガーの「本来性／非本来性」概念に対する和辻の見解をもとに、この経緯について考えてみる。また、そのさいここでは、先のリーダーバッハの分析を参照する。まず、ハイデガーにとって「現存在が本来的に存在するのは、不安の気分、死への先駆、沈黙のうちで発せられる良心の呼び声においておのれの純粋な可能的存在に眼を向けながら自己を企投する」（Liederbach 2001＝2006：177）ことにおいてである。

和辻との関係で問題となるのは、ハイデガーにおける現存在の「事実性（被投性）」の扱い方である。ハイデガーの「非本来性」という用語は、事実性にかかわる「日常的現存在」に向けられている。しかし、和辻にとって「日常的現存在そのものは、いつも可能的な間柄を顧慮してしか実存することができず、ハイデガーが示すような純粋な可能的存在としてはけっして実存することができない」（ibid.：163）。

というのも、和辻の場合、「全体性に『本来的』という付加語が与えられる」（＝「本来の全体性」）ように、ハイデガーにとっては非本来的なものである、「間柄と本来性とが同一視されてしまっている」からである。すなわち、「現存在が本来的にそれ自体で存在するようなあり方で存在しうるのは、事実的な間柄として、つまり社会によって規定された個々の現存在としてでしかない」のである（ibid.：149）。

よって、和辻の相互否定の論理が二重否定の論理へと転化する背景には、ハイデガーの「本来性／非本来性」概念に対する、和辻の異議申したての意図があったように思われる[9]。もっとも、両者ともに本来的な共同存在に拘

第 2 章　　和辻倫理学と信頼論・良心論

泥するあまり、結果としてそれが「民族の哲学」につながった点には注意を要する(10)。

　これまでのところを整理すると、和辻倫理学の構想時期に、ちょうど「ネイション」としての「民族」概念が成立するとともに、日本の資本主義化が顕著となった。このことが和辻倫理学において、共同性にかかわる二重否定の論理への傾斜を促したと考えられる。さらにこの時期に、和辻がハイデガーを批判的に摂取することによって、マルクスに立脚した個人と社会の二重性への着目から、自身の足場を社会＝共同性の方向に固めたことが推察される。要約すれば、西洋近代思想批判を目的として、個人と社会の二重性に着目した和辻は、これを相互否定の論理として自身の倫理学の基礎にすえながら、最終的には、共同性の倫理学を志向したと考えられる。

　和辻倫理学はこのように、社会秩序の可能性（あるいは自明性）を論じる段となると、個人と社会の相関的二重性の論理が二重否定の論理として、社会の方に重点をおく議論に移行することが確認される。裏をかえせば、社会秩序の可能性を論じるためには、ギデンズの〈信仰〉としての信頼理解にみられるように、論理だけではわりきれない要素が介在するということである。その意味では、社会の共同性や規範性を論じるにあたって和辻が着目した、古代日本の清明なる心という徳目は、和辻倫理学においては、この点を補完するために不可欠な要素だったと解釈することができる。

【注】

(1)　以上の説明は端的にいってトートロジーである。しかし、むしろそこに積極的な価値があると考えることもできる。和辻は「方法としての循環論法」（犬飼 2016：86）を際立たせることで、自然科学とは異なる、人文・社会科学の特性を捉えているといえるからである。犬飼裕一によれば、トートロジーに根ざした弁証法は、「修辞法（レトリック）」の一種として理解される。というのも、それは「特定の命題を論証するのではなくて、命題そのものを表現する」ことに意味をもつからである（同：130）。
　　　たとえば、『広辞苑』における「社会」という命題の定義は、「人間が集まっ

て共同生活を営む際に、人々の関係の総体が一つの輪郭をもって現れる場合の、その集団」である。犬飼の指摘するように、ここでの「人間が集まって共同生活を営む」という表現が、すでに「社会」のいいかえにすぎない（同：87）。だがむしろ、こうしたトートロジーによる根拠づけの多様性こそが、個人と社会の関係を理解する可能性を広げるのではないか。それが方法としての循環論法の意義でもある。

(2) ドイツの社会学者N・ルーマンの見解では、「全体社会は具体的な人間から、また人間の間の関係から成り立っている」（Luhmann 1997＝2009：11）という仮定が問題をはらんでいることを、デュルケムは理解している。だからこそデュルケムは、「固有の諸属性を備えた独特の一実在」としての（全体）社会に着目することができたのである。だがルーマンによれば、そのさいデュルケムは、社会の「自己言及性」にふれることなく結合の原理を説くため、結合の意味が不明瞭なままであるという（ibid.：674-676）。

(3) このことはたとえば、和辻の次の説明にも端的に示されている。「働き場所へ出勤し友人を訪ねるということは、一定の労働関係あるいは友人関係が『すでに』存立しているがゆえに可能なのである。従って昨日までの過去の間柄は、過ぎ去って消えてしまったのではなく、現前の出勤や訪問において存在し、将に起こるべき今日の関係として現在の歩行を規定しているのである」（和辻［1937-1949］2007a：275）。

(4) この点に関連して、湯浅泰雄は次のように述べている。「『間柄』という概念は、和辻哲郎が彼の倫理学の基本においた考え方である。彼はそれを、身近な家族や共同体（ゲマインシャフト）の人間関係だけでなく、経済組織や政治制度のような大きな社会集団を単位とする人間関係にまで拡大して用いている。……間柄の規模が拡大した場合、自他の心情的交流関係が次第に稀薄になるばかりでなく、そこに一方向的関係が生れてくることに注意しなくてはならない。一方向的関係というのは、有名人と無名の大衆の関係である。……大衆は彼らをよく知っており、彼らに対してさまざまな感情を投影しているが、彼らはそれを漠然と感じるだけで双方向的交流は不可能である」（湯浅 1996：53）。

(5) 和辻の教えをうけた相良亨は、和辻の『倫理学』第二章第五節「人間の行為」のあとに、第六節「信頼と真実」がつづく点に注目する。相良はこの展開の仕方にかんして、和辻が「行為の仕方の基本的理解を追究して信頼と真実という概念をもち出した」（相良［1980］1998：79）と指摘する。

(6) もっともたとえば、和辻の代表的著作『風土』(1935 年) が、あくまで「定住者の思想」であり、ユダヤ人やロマ（ジプシー）などの「非定住者」を視野にいれていないという、港道隆 (1990：33) の指摘は、民族の閉鎖性を承認することへの批判となりうるものである。

(7) 子安のいうように、「倫理学」論文における「マルクスからアリストテレスへと古代に遡行する叙述は、『人間の学』ではアリストテレスからマルクスへという古代から近代へという下降する叙述となる。……前者は『倫理学』概念の再構成をめぐる発見的な視線がマルクスからアリストテレスへと遡らせたのである。後者はすでに発見された『倫理学』概念を概説的に説明するかのごとくアリストテレスから説き出される」（子安 2010：293-294)。

(8) たとえば、「倫理学」論文の次の一節を参照。「人間の社会的存在は実践的である。実践的であるとは未来の予科に於て意志的に活動的に対象を創造し行くことに他ならぬ。予科に於て創造するところに人間の自由性がある。そうして自由に生産する社会的人間が同時に社会に於ける個人でもあるという社会と個人との弁証法的関係のうちに、まさに当為があるのである」（和辻〔1931〕2017：46)。

(9) 和辻のいう「本来の全体性」が、ハイデガーの本来性概念とのちがいを表現しているとすれば、ハイデガーに触発されて書かれた『風土』の次の一節もまた、この観点から理解することができる。「人は死に、人の間は変わる、しかし絶えず死に変わりつつ、人は生き人の間は続いている。それは絶えず終わることにおいて絶えず続くのである。〔ハイデガーのように〕個人の立場から見て『死への存在』であることは、社会の立場からは『生への存在』である。そうして人間存在は個人的・社会的なのである」（和辻〔1935〕2010：22)。

(10) 西谷修は M・ブランショによりつつ、ハイデガーの考える「『日常性』が『固有の死』と『本来的存在』を隠蔽しているのではなく、『固有性・本来性』の幻想こそが、いかなる真理も固有性ももたないという死の徹底的な凡庸さから目をそらす」（西谷〔1990〕2002：135）と指摘する。

第3章　相関的二重性の論理の考察
——ルーマン社会理論との比較

　本章では、A・ギデンズの社会理論と和辻哲郎の倫理学に共通する、個人と社会の相関的二重性の論理の根底にある、K・マルクスの「人間的本質」の議論を考察する。この考察から導出されるのは、マルクスにおける「ポイエーシス」としての実践（プラクシス）の強調が、結果として、社会システムの「自己言及性」の捨象につながるということである。

　自己言及性という概念は、ドイツの社会学者N・ルーマンの社会理論の鍵概念である。ルーマンは社会システムの自己言及的再生産＝「オートポイエーシス」に注目することで、実践にかかわる相互行為システムと、オートポイエティックな全体社会システムの分化過程を、近代社会の特徴として理解する。本章では、こうしたルーマンの社会システム理論の参照をとおして、相関的二重性の論理の問題点を明らかにする。

　さらに本章では、ギデンズと和辻が社会秩序のなりたちを論じるにあたって、他者への〈信頼〉という現象に着目するにいたった背景を理解するために、ここでもルーマンの議論を参照する。ルーマンが展開する信頼論から理解されるのは、社会秩序の維持のかなめとなる信頼が、機能分化した近代社会において増大する「複雑性の縮減」メカニズムだということである。

　最後に本章では、ギデンズと和辻の信頼論の相違点に言及する。ギデンズと和辻は信頼を論じるさいに、他者への〈誠実さ〉ということをともに強調するが、誠実さの捉え方については、両者には文化的差異がみられる。すなわちそれは、誠実さにおける、前者のintegrity指向と後者のintimacy指向の差異である。この点については、アメリカの哲学者T・カスリスの比較文化論を参照しながら検討する。

第1節　マルクス＝エンゲルスの人間規定

　ギデンズと和辻における、個人と社会の相関的二重性の論理を基礎づける〈実践〉の契機は、K・マルクス（およびF・エンゲルス）の〈人間〉規定に由来する。マルクスの「フォイエルバッハに関するテーゼ」によれば、第6「人間的本質は、個々の個人に内在する抽象物ではない。人間的本質はその現実においては、社会的諸関係の総体である」。さらに、第8「あらゆる社会生活は本質的に実践的である」(Marx-Engels 1845-1846＝2000：149-150)。このことから、マルクスは人間存在（の生きる現実）を、「実践的」かつ「社会的諸関係の総体」の二重性のなかで把握していることがわかる。そしてこの二重性で強調されるのが、以下にみる個人と社会の〈相関性〉である。
　このことが示されているのが、マルクス＝エンゲルスの『ドイツ・イデオロギー』における〈自然〉および〈歴史〉理解である。マルクス＝エンゲルスは、L・フォイエルバッハが「感性的世界のあらゆる部分の調和、とりわけ人間と自然との調和を前提にしている」点を批判する。というのも、感性的世界は「歴史の産物であり、いくえにも連なる全世代の活動の結果であること、そしていずれの世代もその先行する世代の成果をふまえてその産業と交通をさらに発展させ、変化した欲求に応じてその社会秩序を変化させてきた」からである (ibid.：18-19)。
　このように、マルクス＝エンゲルスが強調しているのは、自然と歴史の調和や対立ではなく、その相関である。実際彼らは、自然環境に左右される人間の生存と歴史の相関性を指摘して、「人間が『歴史をつくる』ことができるためには、生きることができなければならない」という。さらに「生きるためにはなによりもまず、食べることや飲むこと、住居、衣類そしてそのほかいくつかのことが必要である。したがって、第一の歴史的な行為とは、このような欲求をみたすための手段をつくりだすこと、つまり物質的な生活の生産そのものである」と主張する (ibid.：24)。

第3章　相関的二重性の論理の考察

　マルクス＝エンゲルスによれば、「物質的な生活の生産」は、「自然的な関係」と「社会的な関係」＝「個人の協働」の二重の関係としてあらわれる（ibid.：28）。このことが意味するのは、「自然にたいする人間のかぎられた関わりが人間相互のかぎられた関わりの条件となっており、また人間相互のかぎられた関わりが自然にたいする人間のかぎられた関係の条件となっているということである」（ibid.：31）。このことからも、マルクス＝エンゲルスの理解のなかには、自然と歴史の実践的相関、さらには人間と社会の実践的相関が確認されることとなる。またこうした理解にそって、ギデンズおよび和辻は、個人と社会の相関的二重性の論理を展開していると考えることができる。

　一方で、次のような指摘もある。フランスの哲学者É・バリバールによれば、マルクスには「フォイエルバッハに関するテーゼ」から『ドイツ・イデオロギー』にいたる過程で、「実践」から「生産」への重点の移行がみられるという（Balibar 1993＝1995：22以下）。バリバールはまず、「テーゼ」における「総体」「諸関係」「社会的」といった言葉について、次のように説明する。

> マルクスの用いている言葉は、個人主義的観点（個人の優位、……それ自体として、他と切り離して、定義されうるような一つの個体性という虚構）と、有機体論的観点（今日、アングロサクソン人にならって、全体論的 holiste 観点とも呼ばれるもので、全体の優位、とりわけ、諸個人がその機能的な成員にすぎないような不可分な統一体とみなされた社会の全体の優位）を同時にしりぞける。……ここで（ドイツ語とほとんど同じほど流暢にフランス語を話していた）マルクスが、明らかに das Ganze、つまり「全体」あるいは全体性の使用を避けるために、あの外国語《ensemble》［総体］を受け入れることになったのは、意味深いことである（ibid.：47-48）。

　このように「テーゼ」における主題は、個人と社会の相関的二重性（その目的は二元論の克服にある）への着目にあったということが、バリバールの説明からも確認される。しかしバリバールによれば、マルクスの「テーゼ」にお

ける実践の重視から、『ド・イデ』における生産への着目の背景には、『唯一者とその所有』(1844 年) の著者 M・シュティルナーに対する、マルクスの応答の意味あいがあるという (ibid.：50 以下)。

バリバールによれば、シュティルナーは「ラディカルな唯名論者」である。そのシュティルナーにとって、マルクスの「革命的実践」のような抽象的観念は、「唯一の自然的な現実性、すなわち多数の諸個人を……『支配する』ために諸制度により捏造された一つの虚構」である。また、抽象的という意味では、「人間の諸権利と共産主義とのあいだと同様に、キリスト教徒、人類、人民、社会、民族、あるいはプロレタリアートとのあいだに論理的な差異はない」。つまりシュティルナーからすれば、あらゆる抽象的・普遍的な観念は「虚構」にすぎないのである (ibid.：52-53)。

こうしたシュティルナーの批判に対するマルクスからの応答は、実践 (プラクシス) という観念を、「生産という歴史的かつ社会学的な概念に転化する」(ibid.：53) というものであった。バリバールは次のように述べている。

> フォイエルバッハに関する「テーゼ」のなかで告知された「実践の哲学」の後で、『ドイツ・イデオロギー』は、マルクス自身がわれわれに述べているように、人間の存在 (Sein、彼はそれに意識 Bewußt-sein、すなわち文字通りには「意識的な存在」を対置する) を形成するのは生産であるがゆえに、「生産の存在論」を叙述している、と言うことは誇張ではない。より厳密に言えば、まさに自己自身の生活手段の生産、同時に個人的でもあり集団的 (超個人的) でもある活動が、不可逆的に自然を変換すると同時に人間の存在を変換するのであり、またそのようにして「歴史」を構成するのである (ibid.：54)。

バリバールの見解では、マルクスにおけるこうした実践から生産への重点の移行、あるいは実践と生産の連結が意味するのは、マルクスが「プラクシスとポイエーシスの根底的な区別、という哲学の最も古いタブーの一つを取

第3章　相関的二重性の論理の考察

り除いた」(ibid.：61) ことにある。この点についてバリバールは次のように述べている。

> ギリシア哲学（それはプラクシスを「市民」の、すなわち主人の特権にしていた）以来、プラクシスは「自由な」活動であったのであり、そのような活動において人間は、自己自身の完成に到達しようと努めながら、自己自身以外の何も現実化せず変換しない。ポイエーシス（作る／制作するという動詞 poiein に由来する）に関して言えば、ギリシア人たちはそれを基本的には隷属的なものとみなしていたとはいえ、それは、自然との、物質的諸条件との関係のあらゆる拘束に従属した、「必要な」活動であった。ポイエーシスの求めている完成は人間の完成ではなくて、物の、使用される生産物の完成である。／それゆえ、そこに『ドイツ・イデオロギー』におけるマルクスの唯物論……の背景があり、……換言すれば、物質とのその直接的な関係のゆえにプラクシスに対してポイエーシスに付与される優位ではなく、両者の同一化、すなわちプラクシスはたえずポイエーシスのなかに移行し、またその逆でもあるとする革命的なテーゼなのである (ibid.：61-62)。

以上のように考えるならば、マルクス哲学の影響をうけたギデンズと和辻の議論のなかには、ミクロ・レベルにおける社会的実践のなかに、マクロ・レベルにおける社会的なものの再生産の論理が含まれていることになる。それが（＝ポイエーシスの要素が）ギデンズにとっては、実践の「意図せざる結果」としての「構造」であり、和辻にとっては「間柄」[1]であったと理解することができる。

しかしながらドイツの社会学者 N・ルーマンによれば、そうした「ミクロ／マクロ」の「レベルの区別」は、社会システムの「自己言及 (self-reference)」を排除するために発明されたものである。ルーマンはそうした「論理的準拠」にもとづく区別にかえて、「経験的準拠」にもとづく「システムの区別」、具

体的には「全体社会（Gesellschaft/society）」と「相互行為（interaction）」の区別を採用する（Luhmann 1987 = 1998：94）。

　システムの区別が「経験的」であるというのは、近代社会のように、政治・経済・法・教育などの領域が機能分化しながら自己言及的に作動する現実を、私たちが目の当たりにしているからである。ところが次節で検討するように、相関的二重性の論理のように、プラクシスをポイエーシスと結びつけて考えると、自己言及的システムの「オートポイエーシス」の要素がみおとされてしまうことになる。

第2節　ルーマンの社会システム理論

　前節の最後にふれたルーマンの社会システム理論の出発点となるのは、「システムと環境の差異」(2)（Luhmann 1984 = 1993・1995：24）である。ルーマンによれば、「どんなシステムでもその環境からそのシステム自体を区別している」(ibid.：287)。この事態をルーマンは「環境分化（外部分化）」とよび、それは「システム形成の不可欠の前提」(ibid.：304) であるとされる。またこの環境分化は、システムAの作動が、非A（=環境）の否定（=差異）によってなりたつという「二元図式」から理解される (ibid.：803-804)。その意味で環境分化とは、前章で考察した〈二重否定の論理〉をさしあたり表現したものであるといえる（この点については次節で詳述）。

　一方、機能分化した近代社会に顕著なのが、「オートポイエーシス的再生産の過程」(ibid.：299) から生みだされる「システム分化（内部分化）」である。ルーマンによれば、自己自身を再生産する「オートポイエティック・システム」は、「自己自身の作動を継続するために自己自身に依存する閉鎖的システム」であるため、「自らの境界を定め、そして特定化する」（Luhmann 1987 = 1998：69）。同時にそうしたオートポイエティック・システムを構成するのは、人間の行為ではなく「コミュニケーション」である。すなわち「社会システムは、コミュニケーションへの有意味な言及によってコミュニケーションを

第3章　相関的二重性の論理の考察

産出し、そして再生産する」(ibid.：70) のである。

　それゆえ、システム分化を特徴づけるのは「再帰的システム形成」(Luhmann 1984＝1993・1995：300) である。そしてそれは「機能的に特定化されたコミュニケーションの領域」における、コミュニケーションの「再帰性」から理解される。典型的なものとして、貨幣を用いた交換関係は再帰的である。なぜなら、交換に使用される貨幣それ自体が、等価物との交換を意味するからである。そのほかにも、権力に対する（統制手段としての）権力、教育者に対する教育、判決に対する判決（＝判決から生まれる判例の、個々の判決への適用）などのなかに、コミュニケーションの再帰性をみいだすことができる (ibid.：827-828)。

　以上のシステム分化と、先に言及した環境分化の関係について、貨幣経済システムを例に考えてみる。貨幣経済システムはまず、貨幣の「支払い」によって自己言及的に再生産される (ibid.：842)。一方で、支払いは支払いの作動において、その否定にあたる「非支払い」との関係から理解されなくてはならない。ルーマンは次のように述べている。

> 支払いと非支払いは、ひとつの図式論によって結び合わされた出来事であり、一方は否定を経由してつねに他方を意味的に包含する。支払う者はまさにそのことで彼の貨幣を手元にとどめておけないし、とどめておく者は支払えないというわけで、つねに反対方向への同時指向がついてまわるのである。貨幣を受け取るということは、それを支出するか手元にとどめるかのいずれかを選ぶ自由を受け取ることであり、この可能性はいわば他者の決定を通じて再補塡される。決定によって選択の自由を放棄することは、まさしくこの自由を他者に順送りすることである (Luhmann 1988＝1991：42)。

　このように貨幣経済システムは、貨幣の「支払い（支出）／非支払い（保有）」の差異を生みだす、個々の貨幣利用者によるそのつどの支払いの決定をつう

じて、自己言及的に再生産される。これがルーマンの自己言及的システムの基本的考え方である。さらにこうしたシステム理論にもとづいて、ルーマンは社会システムを「全体社会／相互行為」に区別する (Luhmann 1984 = 1993・1995:737 以下)。ルーマンの定義では、全体社会はあらゆるコミュニケーションを包括する閉鎖的なシステムであるのに対して、相互行為は全体社会におけるコミュニケーションの大部分を担うシステムである (ibid.:743, 770)。

ただしルーマンによれば、相互行為システムは相互行為システムである以上、「コミュニケーションの循環が完全に閉ざされているという意味での自足状態を達成しえない」(ibid.:739)。換言すれば、相互行為システムは自己言及的な閉鎖性を完全には達成することができない、ということである。というのも、相互行為には「始まり」と「終わり」があるからである (ibid.:740)。つまり、相互行為の成員の集合から解散への移行によって、そこでのコミュニケーションはいったんとぎれるのである。逆に全体社会は、個々の相互行為におけるコミュニケーションがとぎれてもなお、コミュニケーションの可能性を提供しつづけることで、自身の再生産を可能にしている (Luhmann 1987 = 1998:74)。

ルーマンが重視するのは、こうした全体社会システムと相互行為システムの「差異」である。というのも、両システムの差異によって、「全体社会それ自体は複雑性を増大することができ、その反面では、相互行為それ自体は、全体社会の不確かさを生みだす前提条件となることができる」(Luhmann 1984 = 1993・1995:740) からである (複雑性については次節で詳述)。

もう一つ重要なのは、相互行為システムに関与しているのが、「その場に居合わせているとして扱われうるすべての人々」であり、その境界基準が「その場に居合わせている」とされていることである (ibid.:750)。ルーマンはこの点に関連して、次のことを強調する。

> 重要なのは、相互行為システムが……再帰的な知覚をとおしてコミュニケーションを進めるよう強いられていることである。他我 (Alter) が、

自分が相手から知覚されていることを知覚し、さらに、その知覚されていることを自分が知覚していることも、相手から知覚されていることを知覚するのであれば、他我が出発点としなければならないのは、みずからのふるまいが、そうした再帰的な知覚にもとづいて調整されているものとして、相手から解釈されているということである（ibid.：752-753）。

このように、相互行為システムにおけるコミュニケーションが、知覚の知覚という「再帰的な知覚」をとおして進められるのは、相互行為システムの行為者が、その場に居合わせていることを条件としているからである。そうした対面的な相互行為における再帰的な知覚は、ギデンズの「行為の再帰的モニタリング」に照応するものである。ただしギデンズの場合、この再帰的モニタリングと実際の行為の〈ずれ〉から、全体社会としての構造が形成されるのだが、構造それ自体の自己言及性については看過されている[3]。

この点についてルーマンは、システム理論以外の社会科学において、「自己言及は『主体』の意識のために……とっておかれており、そのさい、主体というものはそれ自体をみずから個別化している個体であると解されている。この考え方によれば、自己言及はもっぱら意識の領域においてみいだされる」（ibid.：798）と指摘する。その典型こそ、ギデンズの行為の再帰的モニタリングなのであり、「ここでは明らかに主体的な行為主体という表象が依然としてみいだされる」（ibid.：463）のである。

第3節　ルーマンの信頼論

ところで、個人と社会の相関的二重性の論理を展開するギデンズと和辻はともに、社会秩序のなりたちを〈信頼〉の観点から理解している。ルーマンもまた、初期の著作においてこの問題を扱っており、そこでは以下にみるように、社会の「複雑性の縮減」メカニズムとしての「信頼（Vertrauen）」が検討されている（Luhmann［1968］2000＝1990）。

ルーマンが近代における信頼の必要性を論じるにあたって着目するのが、「他者の主観的な自己中心性を体験し（知覚し）、理解すること」が、近代以降の「複雑性（Komplexität）」の新しい次元となっていることである。それが複雑性なのは、「他我」としての他者は、「一切のものごとを私とは異なって体験している」可能性があり、その可能性のために「私を根源的に不安定にしうる」存在だからである（ibid.:8）。こうした状況のもとでは、複雑性を「自他に共通の類型へと縮減」（ibid.:9）する必要があり、ルーマンにおいてはこの縮減の社会的メカニズムが、信頼として把握されている。

　ただしルーマンによれば、各々の人間は日常生活において「同じものごとを共に体験している者」として、他我ではなく「ひと（Man）」としてあらわれる。そしてそのように「共にある人々（Mitmenschen）」に対しては、信頼は必要とされない。というのも、そこでは他我の不確実性にかかわる信頼ではなく、「馴れ親しみ（Vertrautheit）」または「自明性（Selbst-Verständlichkeit）」が、人々のコミュニケーションを支配しているからである（ibid.:29）。

　ルーマンによれば、「そうした馴れ親しみは、了解の基盤として前提されており、かつ道徳的な評価をつうじて、自明の善きもの・正しきこととして確実視されている」（ibid.:29-30）。それゆえ、馴れ親しみのある自明視された世界は、世界の複雑性の意識されない、「相対的に単純」な世界としてあらわれる（ibid.:31）。

　他方でルーマンは、この馴れ親しみが、信頼および「不信（Mißtrauen）」にとっての前提であると主張する。つまり、「信頼あるいは不信を抱いて生を将来へと投げこんでいくためには、好都合な見込みを抱くだけでなく、危険を予期する場合も、一定の馴れ親しみ・社会的に構成された類型が必要」（ibid.:31-32）ということである。ルーマンはそうした馴れ親しみと信頼のちがいについて、次のように述べている。

　　馴れ親しみのある世界においては、……過去が優位を占める。過去においては、もはや「別様にありうる」ことはなく、過去はつねに縮減済み

第 3 章　　相関的二重性の論理の考察

の複雑性なのである。従って、既往のものごとへの方向づけも、世界を単純化し無害なものとする。そこでは馴れ親しまれたものごとが存続し、確証されたものごとが反復し、周知の世界が将来に向かって継続することが想定される。……それに対して、信頼は将来へと向けられている。たしかに信頼は、馴れ親しみのある世界においてのみ可能である。……しかし、信頼は決して過去からの帰結ではない。そうではなく、信頼は過去から入手しうる情報を過剰利用して将来を規定するという、リスクを冒すのである (ibid.: 32-33)。

このように馴れ親しみと対比される信頼は、システムの複雑性の増大とともに、馴れ親しみを基盤とした「人格信頼」から「システム信頼」へと移行する (ibid.: 37)。人格信頼とは、行為者がみずからを「人格 (Person)」**(4)** として表出することによって、他の行為者から社会的に「観察」できるようにする、そうした行為者の「自己呈示」に対する信頼をさしている (ibid.: 70)。

一方、システム信頼の典型は、貨幣経済システムにみいだされる。貨幣経済システムが機能するためには、「貨幣それ自体が信頼を得ていることが前提になる」(ibid.: 91) からである。しかし「貨幣所持者がいつ、誰と、いかなる対象について、どのような条件のもとで交換をおこなうのかは、未決定になっている」(ibid.: 90)。そのためこの「未決定」によって、他我の行動の不確実性の契機が生まれ、社会の複雑性が増大することになる。以上を要約して、ルーマンは次のように述べている。

貨幣価値の安定性と多様な使用機会の持続性を信頼している者は、基本的には、既知の人物に信頼を置いているのではなく、あるシステムが作動しているという前提のもとで、そのシステムの働きに信頼を置いている。こうしたシステム信頼は、貨幣を使用する過程で絶えず確証される経験を通じて、いわばおのずと築きあげられたものなのである (ibid.: 92)。

このことから、システム信頼の特徴もまた、その再帰性にあるといえる。換言すれば、システム信頼の「社会的メカニズムは、再帰的な形式をとることによって自己自身に適用され、そのことを通じて、このメカニズムの効果が強化される」(ibid.：121)ということである。要するに、システム信頼の再帰的なメカニズムによって、「他者が自分と同じやり方で第三者を信頼していることを信頼することができる」(ibid.：128)ようになるのである。

・和辻の信頼論との比較

ルーマンはつづけて、信頼の否定としての不信に言及する。ルーマンによれば、「不信は信頼の対立物であるばかりでなく、それ自体、同時に信頼の機能的な等価物でもある」(ibid.：131)。これは信頼と不信が、先述の二元図式のなかで理解されることを意味する。しかしそれは、和辻の信頼論における二重否定の論理に相当するものではない。信頼と不信は機能的に等価である以上、非対称的に捉えてはならないからである。

しかしながらルーマンのいうように、倫理学のような行動科学においては、「信頼が原則で、不信はあくまでも例外であるべきだとされている」。つまり、行動科学における「信頼／不信」の区別は、「原則／例外の図式にしたがって二者択一的な意味で構成されざるを得ない」のである(ibid.：167)。卑近な例でいえば、混雑時の電車やバスに高齢者が乗る場合、その人に席をゆずるのは「原則」(＝信頼関係の成立)であり、ゆずられないまま立っている高齢者を黙認するのは「例外」である。こうした例からも、倫理学のような行動科学においては、原則(信頼)の適用に比重がおかれていることがわかる。

けれども、そもそも信頼と不信の選択可能性は、私が期待(＝類型化)していることを他者が知っているがゆえに、他者は「私の期待とは別様に行為することができる」(Luhmann 1984＝1993・1995：198)ことを含意する。不信という要素が社会的に意味をもつ(＝信頼と機能的に等価な)のは、こうした行為者の(別様に行為する)〈自由〉にかかわるからである。逆にいえば、「信頼がその社会的機能としての価値をもつのは、それが不信の可能性を認めている

場合のみである。したがって、信頼がその対極に位置する不信を否定することに依拠しているのなら、信頼の社会的機能をはねつけてしまうことになる」(ibid.：200)。

こうして信頼と不信を善悪二元論的に解釈するのではなく、機能的に等価なものとして考えることによって、倫理学にみられる二重否定の論理に欠落していた要素をとりだすことが可能となる。すなわちそれは、他者を「私の期待とは別様に行為することができる」自由な存在とみなすことである。

・ギデンズの信頼論との比較

ルーマンの信頼論はシステムの自己言及性にかかわるため、主体の行為の再帰性を重視するギデンズの信頼論ともその位相を異にする。ここでは両者の信頼論を、〈超越的〉要素のとりいれとその回避の観点から検討している、斉藤日出夫 (2004) の論考にそって考えてみる。斉藤がまず注目するのが、ギデンズの信頼論における「実存的不安」の要素が、ルーマンにおいては、「馴れ親しみがなく疎遠で不気味なもの」(Luhmann [1968] 2000 = 1990：31) として処理されていることである。

ただしそれはあくまで、馴れ親しみを前提とした「不気味なもの」をさしている。ルーマンは「再参入 (re-entry)」[5]の形式にそって、「〈馴れ親しんだもの／馴れ親しんでいないもの〉区別の一方の側＝馴れ親しんだものの空間に、〈信頼／不信〉という特殊近代的な区別が導入された、という図式を描く」(斉藤 2004：81) からである。

一方、ギデンズの場合、信頼における実存的不安の「カッコいれ」のはたらきは、彼の「実践的意識」[6]の説明からもわかるように、「複雑で混沌とした外部という絶対的な超越性を前提することで成り立っている」。けれども斉藤によれば、「このような前提は、説明されえないものを仮構することによってあらゆる説明の説明コストを外部帰属しているにすぎない」(同：82)。ちなみにこの指摘は、第1章でふれたQ・メイヤスーの「相関主義」批判の要点でもある。

ルーマン自身は、超越という宗教的な問題を不問に付すというよりは、むしろシステム理論の見地から、観察者の「観察可能／観察不可能」の区別にそくしてこれを理解する。この場合、宗教の社会的機能は「内在／超越」の区別から理解される（Luhmann 2000＝2016）。換言すれば、宗教の社会的機能について「人が観察を行うことができるのは、馴れ親しまれたものの領域においてのみ、すなわち（超越との区別において）内在と呼ぶことのできる領域においてのみである」（ibid.: 98）。以上をルーマンは次のように要約する。

> 馴れ親しまれた／馴れ親しまれていないという差異を、宗教の原初的かつ具体的な形式における構成的な差異としてみるなら、宗教とは、この形式が形式へと再参入されることによってはじめて生じる。すなわち、馴れ親しまれた／馴れ親しまれていないという差異が、馴れ親しまれたものやなじみあるもののなかにもう一度導入されることによってである。というのも、ただこのようにしてのみ、宗教的に馴れ親しまれていないもの（超越）と、単に知らないだけのものあるいはただ並外れているだけのものとを、区別することができるからである（ibid.: 92-93）。

　馴れ親しまれた「内在」の領域における、馴れ親しまれていない「超越」の領域は、内在の領域の「あらゆる意味を解体し、解消し、踏み越えることのできる不気味なもの」（ibid.: 89）である。しかし、従来の超越論哲学において「内在的に経験されたものは、超越によって根拠づけられる」。すなわち、「世界を創造したのは神であり、ゆえに世界はその意志に対応しているとされる」。そのため、超越とはむしろ「安心を与える」ものとして把握されてきたという（ibid.: 122）。

　翻って、システム理論の見地から超越を理解するならば、「超越するということは、意味の可能性の過剰を生み出し、それに応じて制限する必要を生む」（ibid.:89）。それゆえ、超越はむしろ「不安を引き起こすように作用する」（ibid.: 122）ものとみなされる。そうした超越への「不安」はギデンズの信頼

論にもあてはまるが、ルーマンにとってこの超越は、あくまで馴れ親しみを基盤とした「不気味なもの」をさす。つまり超越とは、主体的な行為主体の属性に回収されない、「ひと」(＝ともにある人々) の裏面なのである[7]。

第4節　integrity と intimacy——ギデンズと和辻の信頼論比較

　本章では最後に、ギデンズと和辻の信頼論の比較をおこなう。まず、両者の信頼論に共通するのが、他者に対する〈誠実さ〉を強調している点である。前章で考察したように、和辻は信頼という現象を論じるにあたって、「まこと」という要素に着目する。一方ギデンズは、「ポスト伝統的秩序では、対人関係における信頼は、相手の誠実さという仮定に依拠している」(Giddens 1994＝2002：164) と、やはり「誠実さ」を強調している。

　しかしながら、ここに「誠実さ」と訳したものは、実際には integrity をさしており、和辻のいう「まこと」とは異なる意味あいをもっている。この点について考えるために、本節ではアメリカの哲学者 T・カスリスの比較文化論を参照する。カスリスによれば、日本文化と西洋文化の差異は、intimacy と integrity の「文化的指向性」のちがいにあるという (Kasulis 2002＝2016)。実際、一方の intimacy の語源的な意味は、「『親友に内奥のものを知らせること』」であるのに対し、他方の integrity は、語源的に「『完全 (whole) かつ不可分、不可侵である』」ことを意味する (ibid.：33, 35)。

　異なる文化的指向性を示す integrity と intimacy にもとづく関係を、カスリスはそれぞれ「外的関係」と「内的関係」と名づける。まず「外的関係においては、関連物 (相互に関連しているもの) は独立して存在する。……これらの存在のあいだのつながりとしての関係 (R) は、実際には、もの (a) ともの (b) の独立性に対して付け加えられたものである」(ibid.：53-54)。カスリスによれば、こうした外的関係から「政治哲学での社会契約のモデルが生まれることになる」(ibid.：88)。

　反対に「内的関係においては、互いにそのままの状態でつながっていると

いうことが関連物の本質的性格の一部となっている。関連物は独立しているのではなく、相互に依存しあった存在である」(ibid.: 54)。つまりこの場合の関連（R）は、もの（a）（b）双方の一部となる。こうした内的関係においては、全体と個が契約的関係にあるのではなく、全体が個の反映であると同時に、個もまた全体の反映であるような「ホログラフィー的」関係が形成されることになる（ibid.: 191）。

　以上をふまえながら、次に、和辻の「二人共同体」概念とギデンズの「純粋な関係性」概念を検討する。なお、両概念に共通するのは、権力不均衡の親子関係ではなく、恋人・夫婦・友人など、対等な関係における〈親密な〉信頼関係を扱っている点である。まず、和辻の二人共同体の議論は『倫理学』第三章第二節で展開され、近代的な夫婦間の信頼関係をモデルとしている（熊野 2009: 76-81）。和辻は次のように述べている。

> 親密なる我れ汝関係においては、「心の底」を打ちあけ合うということが言われるように、自他の存在の奥底にまで互いに参与することを許し合うのみならず、さらにその参与を相互に要求し合うのである。従って自他の間には何事も隠されることなく、自ら意識し得る限りにおいては、存在のすみずみにまで相互に他の参与を受け得るのである。……二人共同体においては「私」は消滅し、すべてが公共的になる。しかし、公共的なのはただ二人の間においてのみであって、それ以外のあらゆる人々に対しては全然公共的でない。むしろあらゆる他の人々に対して秘密であり隠されているということが、すなわち互いに我れのみが与るのであるということが、一層強く二人の間の共同性を実現するのである。かくのごとく二人共同体においては、私的存在としての性格と共同的存在としての性格とが密接に相表裏する（和辻［1937-1949］2007b: 96-98）。

　引用文における、「『心の底』を打ちあけ合う」や「二人共同体においては『私』は消滅し」などの説明から、二人共同体がintimacy指向の概念である

第3章　相関的二重性の論理の考察

ことがわかる。一方で、二人共同体に参与しない人々にとって、この関係性は「私的存在」としての性格をもっている。要するに、外部の者に対してはintegrityを保っているのである。以上より、二人共同体概念においては、intimacyとintegrityが表裏一体の関係にあることが理解される。

次に、ギデンズの「純粋な関係性」概念は、第1章第4節で考察したように、「能動的信頼」を基盤になりたつ親密な関係をさしている。ギデンズは次のように述べている。

> 純粋な関係性とは、外的な基準がそこでは解消してしまうような関係である。純粋な関係性は、当の関係自体が与える見返りのためだけに存在している。純粋な関係性のコンテクストでは、信頼は相互の開示過程によってのみもたらされる。別言すれば、信頼はもはや定義上、関係それ自身の外部にある基準——血縁、社会的責務あるいは伝統的義務などの基準——につなぎとめられることはない（Giddens 1991＝2005：7）。

> 純粋な関係性は相手との相互信頼に依拠しているが、この相互信頼はintimacyの成就と密接な関係がある。純粋な関係性においては、信頼は「所与のもの」とみなされえない。……それは努力して勝ちとらなければならないものである。……信頼を築くために、個人は少なくとも限られた関係性のなかで他者を信頼し、かつ、他者の信頼に値する人間でなくてはならない（ibid.：107-108）。

2つの引用文からわかるのは、純粋な関係性がintimacyにかかわると同時に、独立した個人間のintegrityの関係を指向していることである[8]。それはこの関係性が「見返りのためだけに存在している」という、give and takeの発想であること、また、関係の相手に対して、自分が信頼に足る人間であることを示す必要があることからも理解される。

よって、和辻の二人共同体概念同様に、ギデンズの純粋な関係性概念もま

た、intimacyとintegrityの要素をあわせもっていることが確認される。ただし、和辻の方はintimacyを基調としたintegrityを論じているのに対して、ギデンズの方はintegrityを基調としたintimacyを論じているという相違はある。私見ではこの相違は、和辻の功利主義的発想と、ギデンズの反功利主義的（または自由主義的）発想との差異をあらわしているように思われる。いいかえるなら、功利主義的立場のintimacy指向に対する、反功利主義的立場のintegrity指向の差異を示しているように思われるのである。

　この点は、カスリスの次の説明からも理解される。カスリスによれば、intimacyとintegrityの指向性の差異は、たとえば「満場一致（unanimity）」と「合意（consensus）」のちがいにあらわれるという。カスリスは次のように述べている。

> 満場一致が前提とするのは、各人が自分の立場、意見、ないし良心にしたがい票を投じるという投票プロセスである。これを限度として満場一致は個人のintegrityを保ち、集合体としての個人が意思決定のプロセスを構成する。……対照的に、合意が生まれるのは、各人が全体としての集団……を考慮しつつ自分の意見を形成するときである。合意におけるプロセスには投票それ自体がない、あるいは、いわば統一された全体の一票しかない。合意における行為主体は統一された集団であり、集団のなかの個人ではない（Kasulis 2002＝2016：222-223）。

　以上をまとめると、integrity指向の満場一致は、功利主義に対立する「良心」[9]を重視するが、場合によっては一匹狼の集団と化すおそれがある。反対に、intimacy指向の合意において必要とされるのは、その場の「空気を読む」ことであり、それゆえ、良心の呵責をいだきながらも、集団の意見に同調するおそれがある。

　結局、ギデンズと和辻は、相関的＝相互否定的に捉えられる個人と社会の関係を、実際の社会秩序を論じる段になって、一方の極に立脚した議論を展

第3章　相関的二重性の論理の考察

開してしまっていることになる。私見ではそれは、両者に共通する弁証法的思考の内包する〈矛盾〉が、日常生活においては顕在化することなく自明性を保っているという現実を、二重否定の論理の枠組みのなかで捉えてしまったことに起因すると考えられる[10]。

けれども、純粋な関係性概念と二人共同体概念の検討をつうじて明らかになったのは、intimacyにもとづく功利主義とintegrityにもとづく反功利主義が、表裏一体の関係にあるということである。したがってここで求められているのは、両者の指向の差異を強調することではなく、intimacyとintegrityの表裏一体関係の根本にあるものをさぐることであるように思われる。

この点で参考となるのが、川本隆史による功利主義およびintegrityの説明である。川本によれば功利主義とは、「結果として産出される効用という『非人称的な=誰にも妥当する』(impersonal) 価値を追求する」ものである。これに対してintegrityとは、「『人称的な=各人各様の』(personal) 価値や行為に対する（他人によって代替されない）責任」を重視するものである（川本1995：20）。このように考えると、功利主義的なintimacyとintegrityの対立は、「人称的／非人称的」をめぐる相反関係として解釈することができる。

ここで筆者が着目するのが、次章で検討する廣松渉の役割理論である。というのも廣松は、この「人称的／非人称的」の区別を、〈自己存在の二重性〉のなかで捉えなおしているからである。廣松の役割理論において自己の人称的側面とは、そのつどの他者関係において、当面の他者から期待される自己の〈役割〉をあらわしている。そして自己の非人称的側面とは、期待される役割の遂行を監視する、〈ひと〉（=第三者）としての自己のありかたをあらわしている。廣松において、自己とはそうした個別=人称的次元と、共同=非人称的次元との〈共属〉関係としてあらわれるのである[11]。

【注】

(1) たとえば和辻は、「いかなる間柄の形成にもあずかっているもの」（和辻［1937-1949］2007b：364）として「言語活動」をあげ、次のように述べている。

「いかなる我れ汝もすでに与えられた言葉を用いるのであって初めて言語を鋳造するのではない。しかしそれにもかかわらず、言語活動は言語を作る働きなのである。……なぜなら、作られたものとしての言語はただ作る働きにおいてのみ生きているのであり、言語を作る働きはただ作られた言語によってのみ可能なのだからである」（同：369-370）。

(2) マルクスの弁証法的唯物論の場合、「同一性と差異の差異（*Differenz von Identität und Differenz*）」（＝システムと環境の差異）ではなく、「同一性と差異の同一性」に焦点があてられる（Luhmann 1984＝1993・1995：14, 472）。なぜなら、弁証法はあくまで、矛盾の事態の「総合（Synthese）」や「止揚（Aufhebung）」に向けた議論を展開するからである。

(3) ルーマンはギデンズのように、全体社会と相互行為（＝社会的実践）の相関性を強調するのではなく、近代におけるその分化過程に注意を向ける（Luhmann 1984＝1993・1995：775, 785）。ギデンズの場合は、相互行為のなかでの再帰性（＝行為の再帰的モニタリング）と、全体社会における再帰性を区別している。後者は近代特有の再帰性であり、ギデンズは次のように述べている。「近代の社会生活の有する再帰性は、社会の実際の営みが、まさしくその営みに関して新たに得た情報によってつねに吟味、改善され、その結果、その営み自体の特性を本質的に変えていくという事実に見いだすことができる」（Giddens 1990＝1993：55）。

以上の再帰性の定義は全体社会にかかわるものの、ここでもまた、社会的実践と全体社会の相関性が強調されている。

(4) ルーマンが『社会の社会』（1997年）で述べているところによれば、「《個体》とはさしあたり、分割できないものを意味している。その点では、一枚の皿も一個体なのである。十七／十八世紀にはこの概念が人間へと限定されるが、当初それが意味していたのは、個人は相異なる状況を通して人として同じメルクマールを持ち続けるということだった。それゆえにある程度の社会的な計算可能性が保証される。個人は場面が変わるごとにまったく別人になる、というわけではないのである」（Luhmann 1997＝2009：1334）。

ところで、人間を「個体（Individuum）」として扱う場合に必要な「メルクマール」こそ、「人格」という観念である。個々の人間の人格的同一性が、「社会的な計算可能性」を保証するからである。しかし他方で、「ある人格がどのように行為するかは他の人格がどう行為するかしだいである。したがって社会的相互依存によって未来の不確実性は倍加する」（ibid.：1337）ことも、近代以

第3章　相関的二重性の論理の考察

降の複雑性については考慮しなくてはならない。
(5)　再参入とは、「システム／環境」の区別が、この区別によって成立するシステムの内部で観察されることをさす（Luhmann 1997=2009：34-35）。よって、これを図式的にいいなおすと、「(システム／環境)／環境」ということになる。
(6)　ギデンズは実践的意識の概念を次のように説明している。「実践的意識は、すべての文化における、広範囲な人間の活動を特徴づける、存在論的安心という感覚の、認知面や情緒面での重しとなっている。……現象学的にいいなおせば、実践的意識は、日常生活での『自然的態度』によって前提とされている『カッコいれ』に、密接に結びついている。日々の行為や言説の些細なことの裏側には、混沌がひそんでいる。……日常生活のもっとも単純な質問に答えたり、もしくは大雑把な発言に対応したりするだけでも、潜在的に広がっているほぼ無限の可能性をカッコにいれることが必要になる」（Giddens 1991=2005：39）。
(7)　ルーマンおよび斉藤の論考において比較される、「不安」と「不気味なもの」のちがいについて、哲学者の西谷修はS・フロイトやM・ハイデガーに依拠しながら、次のように述べている。「〈不安〉とは人間の自律性の裏面である。人間がいかなる権威にも依らずに自分を支えかつ世界を支配するとなると、その自律性そのものは無限定で、もはや何ものにも支えられていないという自律の無根拠が〈不安〉を引き起こす。けれどもその〈人間〉が希薄化し非人称性に吸収されてゆくとなると、〈不安〉の生じる座そのものが拡散し、〈不安〉などもはや生じようがなくなる（構造主義的思考に〈不安〉の介入する余地はない）。……〈不安〉がもはや成り立たず、あらゆる根拠の拡散したこのような状況はすでに名づけられている。それは〈不気味なもの〉と呼ばれる」（西谷［1990］2002：238-239）。

西谷はこのように、人間の「自律性」を否定する「非人称性」を「不気味なもの（Unheimlichen）」として捉えている。ルーマンにそくしていえば、それは「親しみのある（heimlich）」日常生活のなかで構成される、匿名の「ひと」の裏面である。
(8)　ギデンズは次のように述べている。「純粋な関係性は、長期にわたる安定した関係の第一条件であるintimacyに焦点をあてる。前近代のヨーロッパおよび多くの非ヨーロッパ文化一般に特徴的な、プライバシーの欠如という否定的現象とintimacyとは区別されなくてはならない。……intimacyはプライバシーの裏面であるか、あるいは少なくとも、実質的なプライバシーが与えら

れてはじめて可能になる（あるいは望まれる）ものである」（Giddens 1991＝2005：105）。

(9) 功利主義と良心の対立にかんして参考となるのが、イギリス道徳哲学におけるA・スミスとJ・S・ミルの良心論の相違である。柘植尚則によれば、自律的な個人から構成される近代社会において、個人の利己心を抑える要素としてスミスが着目したのが良心であった。だが、良心は主観的な善悪の判別にかかわるがゆえに、その客観性を確保することが難しい。そこでミルのように、自己の利益（私益）が他者の利益（公益）に結びつくよう行動すべきである、という意味での「義務感」を良心とみなす、（丸山眞男のいう）集団功利主義的な発想が生まれることになる（柘植 2003：123-135, 182-197, 220-221）。

(10) 和辻の二重否定の論理は、ギデンズの議論には認められない。だがたとえば、ギデンズの「存在論的安心」概念などは、人間存在のかかえる不安を「カッコにいれる」ことでなりたつものである。私見では、ある意味でここに、存在を否定にさらすものを隠蔽というかたちで否定する、二重否定の論理がみいだされ、またそれによって存在の自明性が保たれることを、ギデンズは表現しているように思われる。

(11) 同様の理解として、アメリカの哲学者T・ネーゲルの次の見解を参照。「私たちの世界経験や欲望の大部分は、私たちのパーソナルな観点に属している。つまり、私たちは物事をいわばここからみるのである。しかし私たちはまた、自分たちの個別的立場を捨象して——自分たちが誰なのかということを捨象して、世界について考えることが可能である。……私たちの各々が、自身の関心や欲望や興味といったものから物事を考えはじめるが、同じことが他者にもあてはまることを、各々認めることができる。……こうした捨象行為を遂行することによって、私たちはインパーソナルな観点とよぶべきものを占めている」（Nagel 1991：10）。

第4章　廣松渉の役割理論と物象化論

　本章では、自己存在の二重性をとおして、自他の個別性と共同性の〈共属〉関係の論理を展開している、廣松渉の役割理論を検討する。ここでいう自己存在の二重性とは、自己を〈人称的／非人称的〉側面にわけて、その観点から、自他の個別性と共同性の不可分の関係を理解することを表現したものである。廣松の役割理論にそくしていえば、〈人称的〉とは、当面の他者との相互行為において期待される〈役割〉を遂行する自己をさし、〈非人称的〉とは、この役割遂行を監視する、〈ひと〉としてあるべき自己をさしている。
　廣松の役割理論の基礎にあるのは、認識論的次元における〈意味〉形成への着目である。すなわちそれは、あらゆる現象（フェノメノン）が、個々の実在を〈所与〉としながら、その所与が「共同主観的」な〈意味〉をおびてあらわれる、ということへの着目である。人間存在の場合でいえば、個々の実在する人間は、そのつどの他者関係のなかで、共同主観的に期待される「役柄存在」としてあらわれることになる。
　廣松の鍵概念である「共同主観性」は同時に、J-P・サルトルの『存在と無』における「対他存在」論への批判の意味あいをもっている。サルトルのいう対他存在としての自己とは、「主観−他者」の「まなざし」によって対象化された自己のことをさす。だが、その自己としての「非本来的」なありかたが、純粋な〈可能性〉（＝無）としての「本来的な自己」の概念を導出することになる。廣松はそうした自己存在における「本来的／非本来的」の区別を認めず、役柄存在としての自己が、共同主観的な〈ひと〉に同型化していく過程を強調する。

81

第1節　四肢的構造連関としての共同主観性

　哲学者の廣松渉は、近代哲学の認識論的次元における「主客二元論」を刷新するために、以下に検討する、「所与がそれ以上の或るものとして『誰』かとしての或る者に対してある」（小林［2007］2015：99）という、「四肢的構造連関」の概念を提示する（廣松［1972］2017）。議論の出発点となるのは、あらゆる「フェノメノン」[(1)]が「意味」をおびる、すなわち、「所与（als solches）」がそのつど「何か（etwas）」（＝意味）としてあらわれることへの着目である。廣松は次のように述べている。

　　フェノメノンは、即自的に、その都度すでに（immer schon）、単なる"感性的"所与以上の或るものとして現われる。いま聞こえた音は自動車のクラクションとして、窓の外に見えるのは松の樹として、直覚的に現われる。私がいま机の上にころがっているものを見るとき、それを端的に「鉛筆」として意識する（同：47）。

　廣松は引用文の「以上の或るもの（etwas Mehr）」または「以外の或るもの（etwas Anderes）」を、「意味」として把握する。フェノメノンはこうして、所与と意味の「二肢的」契機からなりたち、上の引用文でいえば、二肢的契機は「音」（＝所与）als「クラクション」（＝意味）という仕方で、「として（als）」によって結びつくことになる（同：47-54）。またこの場合、意味の存在性格は「イデアール」であるのに対して、所与のそれは「レアール」であり、この点について廣松は次のように説明している。

　　窓の外に見えるものがそれとして意識されるところの「樹」というetwasは、あの松もこの杉も、すべての種類の木が、同じそれであるところの「客観的な」somethingであり、単なる「キ」という音ではない。

第4章　廣松渉の役割理論と物象化論

　ところで、実在物としての個々の木は、これはこれあれはあれ、それぞれ特個的であるのに対して、「樹」は斉しくどれでもありながら特定のどれでもない（普遍性）（同：50）。

　このように、所与の実在する個々の木は、レアールで個別的な存在性格であるのに対して、意味としての「樹」は、イデアールで普遍的な存在性格をおびている。この事態をさして廣松は、フェノメノンが「所与-意味」の「レアール・イデアールな二肢的な構造的統一」（同：54）においてあらわれると表現する。

　以上は、四肢的構造連関におけるフェノメノンの「対象的」側面であり、廣松は次に、その「主体的」側面を検討する。つまり、所与が意味としてあらわれるのは、そのつど「『誰』かとしての或る者」に対してであるという問題が、次に検討されるのである（同：54以下）。この点について、廣松は次のように述べている。

　　例えば、牛が或る子供にとって「ワンワン」としてあるという場合、牛がワンワンとしてあるのはその子供に対してであって、私にとってではない。とはいえ、もし私自身も何らかの意味で牛をワンワンとして把えるのでなければ、私は子供が牛を"誤って"犬だと把えているということを知ることすら出来ないであろう。子供の"誤り"を私が理解できるのは、私自身も或る意味では牛をワンワンとして把えることによってである（同：56）。

　廣松によれば、この場面には「私としての私」と「子供としての私」との、「自己分裂的な自己統一とでもいうべき二重化」が認められる。同時に、こうした「『誰かとしての誰』という二重化的構造をもつことによって、諸個人単独にはとうてい与えられないようなフェノメナが人びとに与えられることになる」と、廣松は指摘する（同：56-57）。この点について、廣松は次の

ように述べている。

> 牛をワンワンとして把える子供は、それが「ワンワン」ではなくて「牛」だということを伝達され、しかも、……"物笑いにされるといった酷(きび)しい処罰を通じて"それを「牛」として把えるよう"強制"される。当初は、子供本人の意識と、大人がそれをどう呼ぶかという"知識"とは、分裂した状態にとどまることもありえよう。しかし、やがては同化がおこなわれ、子供は自から"自発的""自然に"当の所与を「牛」として把えるようになっていく。子供は人びとがetwasとして把えるその仕方をわがものとし、人びとと同化していく。こうしてetwasとして把える仕方、いうなれば意識作用の発現する仕方が共同主観化されるわけである（同：58-59）。

フェノメノンの対象的側面と同様に、その主体的側面を理解するならば、「誰かとしての誰」において、前者の「誰か」はイデアールな「或る者（jemand）」をさすのに対して、後者の「誰」はレアールな「特個的な個人」をさしている（同：60-61）。ところで、先に検討した意味の形成もまた、諸々の主観が「共同主観的に"同型化"」され、或る者へと自己形成をとげることと「相即的」である（同：76）。それゆえ、廣松の「共同主観性」概念は、「意味」と「或る者」を連結させるものであり、これが四肢的構造連関の根幹をなしている。

ただし先にもふれたように、イデアールな或る者には、自己分裂的な二重化が生じることがある。廣松の用いた例でいえば、牛をみて「ワンワン」という子どもを理解する私のありかたと、一般的「知識」をそなえた「大人」としての私のありかたの二重性である。このように理解するならば、共同主観性もまた、二重の意味で捉える必要がある。すなわち、一つは、当面の他者関係において期待される〈役割〉を遂行する私のありかたである。そしてもう一つは、一般的な他者関係において心得ておく必要のある、〈ひと〉と

してあるべき私のありかた、廣松の言葉でいえば、「私としての私」のありかたである。

　先の例のように、子どもが牛をみて「ワンワン」ということを親が理解できるのは、親子の「人称的（personal）」関係のあいだに共同主観性がなりたつからである。一方で、日常生活は一定の作法にもとづいて営まれており、それは「非人称的（impersonal）」な〈ひと〉としてあるべきことを要求（強制）する、歴史的・社会的に培われてきた共同主観性によるものである。結論を先取りすれば、マルクス哲学に精通している廣松の解釈においては、後者は前者の共同主観性の「物象化」形態にあたる[2]。

第2節　廣松の役割理論

　前節までに確認したのは、共同主観的な意味形成を出発点として、「所与世界が歴史的・社会的に共同主観化されている」（廣松［1972］2017：143）ということである。廣松にとって次に課題となるのが、「世界を人間的実践という共同主体的（intersubjektiv＝間主体的）な営為の与件であり且つこの営為によって被媒介的に措定されるものとして把え返す」（同：144）作業である。廣松はこの課題に対処するために、日常生活におけるフェノメナルな場面に定位しながら、「人間活動の汎通的な形式的・構造的規定として role-taking という概念を採用」（同：167）する。廣松は次のように述べている。

> われわれは、日常生活において……、その都度おかれた場面に相応しい仕方で、社会習慣的・制度的に様式化された仕方で行動している。教室では教師らしく、団交の席では管理者らしく、家庭では父親らしく……というように、俳優が役柄と場面に相応しい仕方で扮技するのと同様、status and role にしたがって、不断に演技している。／謂うところの役柄と演技には、学会の司会者らしくといった特殊的・具体的なものから、学者らしく、男らしく、といった一般的・抽象的なものまで多岐多重で

あるが、この概念を拡張していえば、……挨拶といった社会習慣的な行動様式、ひいては、表情のつくりかた、歩きかた、等々、「箸の上げ下ろし」にいたるまで、人間の社会的行動の一切が"演技"としておこなわれているとみなすことができる（同：166-167）。

　以上の役割理論もまた、「レアール・イデアールな二肢的な構造的統一」として、他者との役割関係におかれた「対他的自己」が、「『役柄存在』[3]と『被視存在』との二肢的構造」のなかで把握されることになる（同：255）。換言すれば、「人の行動は常に或る役柄扮技として——教師としての行動、管理者としての行動、父親としての行動、等々——単なる身体的動作という以上の或るもの etwas Mehr, etwas Anderes、として必ず二肢性において現存在する」（同：168）ということである。
　廣松はこの対他的自己の二肢的構造について、次節で検討するサルトルの「対他存在」論を念頭におきつつ、見張り番がうたたねしかけたさいに人目を感じ、ハッとわれにかえるという場面を例に、次のように述べている。

　　見張番が人眼を感じた際に非反省的に意識する「自己」とは……第一に、見張番という「役柄存在」としての私ではないであろうか？　彼は、なるほど、うたたねしかけていた自己、そのような相で人に見られた自己を何らかの仕方で意識したには違いない。さもなければ、彼はハッとすることもなかったであろう。だが、彼は、うたたねしかけている相での自己をまず明晰に意識して、そのうえで見張番らしい態度に移るのではない。そのような場合もありうるとはいえ、一般には、彼は人眼を感じたとたんに見張番らしい態度に変じてしまうのであって、うたたねしかけていた相での自己についての明確な意識はむしろ事後的に現われるというのが実態であろう。われわれの看ずるところ、第一次的に意識されるのは、見張番としてのあるべき私、役柄をしかじかの様態で遂行すべき自己である（同：250-251）。

第4章　廣松渉の役割理論と物象化論

　このように、廣松のいう「役柄存在」は「自己のあるべき在り方」(同：251)をさしている。同時にここでの「あるべき」は、自己の役柄遂行が「『他者-によって-呼掛けられて-いる』」ことを意味している。つまり役柄存在とは、「他者にとって期待的にある私の対他的な在り方」をさしているのである(同：257)。ただし廣松によれば、ここでの「役割期待」は、人物「AがBにしかじかの役割行動を期待している」ことを意味するだけでなく、「現実問題としては、Aに一定の役割期待をすることを相手のBが求めている」ことを含意する(廣松・小阪 1991：116)。

　だがその一方で、「他者は私が彼に期待する彼の役柄遂行を拒否する可能性をもつ者として現前する」(廣松［1972］2017：262)、主体性をもった存在でもある。別の言い方をすれば、「役割期待に対する応答」には、「応答者側に『自由』の余地[4]が現実問題としてある」ということである(廣松・小阪 1991：118)。しかしこの点について廣松は、次のように主張する。

>　能為的主体は、常に必ずしも、顕在意識的に他者の期待に応えつつ行動しているわけではない。当事者に即すれば、自発的に慾求的行動をおこなったり、自律的に期成的行為をおこなったりするのが寧ろ普通である。しかしながら、第三者的・学知的な見地から規定すれば……、人間の行動というものは殆んどが他者（達）の期待に応えてのものになっている。……学知的見地から見て、能期待者の期待に応えての、所期待者の応対的行動という構制が認められるかぎり、当の行動を「役割的行動」と呼ぶことにしたい(廣松 1993：100)。

　ゆえに、廣松の役割理論における自他の「呼掛け-応答」関係は、「主体と主体との相互主体的な『呼応』」(廣松［1972］2017：263)の様相を呈することになる。つまり、ここでは次節で検討するサルトルのように、主体的自己と主体的他者の自由をめぐる〈相克〉が問題となるのではなく、あくまでその「呼応」が強調されることになる。廣松はそうした「『共軛的役柄』の間主体

的遂行」のことを、マルクス＝エンゲルスの言葉を用いて「『協働』Zusammenwirken」とよぶ（同：264）。

廣松は共軛的な役柄遂行の例として、「餅つき」における餅をこねる役と杵をふりおろす役をあげ、両者の「間主体的な実践的関わり合いを通じて、当事者たちは"一心同体"になっていく」（同：268）と考える。なぜなら、そのつどの役柄遂行に対する相手の反応というのは、「正負のサンクションの意味」（廣松・小阪 1991：121）をもっており、それが「共同主観的な同調性 conformity」（廣松［1972］2017：270）を促すからである。

この（サンクションをともなう）同調性は同時に、「第三者の審級」（大澤真幸）の役割を担っている。つまり、人物Aが対面するBの期待に応じた行動をとることは、実際には「CとかDとか、あるいは世間とかXとしか言いようのない非人称化されている人物」（廣松・小阪 1991：116）からの期待を含んでいる、ということである。要するにそれは、前節でふれた〈ひと〉としてあるべき自己のありかたを示しているのである。

ここまでを要約すれば、廣松において自己存在は、他者との人称的（＝パーソナルな）関係において期待される役割を遂行する自己と、非人称的な〈ひと〉としてあるべき自己との〈共属的〉二重性から理解される。さらに後者の〈ひと〉としての自己は、（成人の）社会生活の自明性の基礎として把握されることになる。というのは、そのつどの他者関係において期待される役割は、共同主観的な同調化（または物象化）によって、社会の成員にとっての自明の理となるからである。こうして廣松においては、日常生活における役割の可変性と自明性の二重性から、自己存在が理解されることになる。

第3節　サルトルの「対自−対他」論

廣松が共同主観性を主題的に扱った『世界の共同主観的存在構造』（1972年）は、主としてフランスの哲学者J-P・サルトルの『存在と無』（1943年）における、「対他存在」論への批判的応答の意味あいをもっている。そこで本節

第4章　廣松渉の役割理論と物象化論

では、廣松の批判の矛先にある、サルトルの対他存在の議論を検討する。

まず、サルトルは『存在と無』において、E・フッサールの「志向性」概念＝「あらゆる意識は、何ものかについての意識 conscience *de* quelqe chose である」（Sartre［1943］2003＝1999：23）を基調としつつ、次のように述べている。

> 対象についてのあらゆる定立的意識は、同時に、それ自身についての非定立的意識である。私がこのケースのなかのシガレットをかぞえる場合、私はこの一群のシガレットの一つの客観的性質、たとえば十二本あるということが、開示されるのを感じる。……私はシガレットをかぞえることについては、何ら定立的意識をもつ必要がない。私は私を《かぞえる者として認識する》のではない。その証拠には、ひとりでに足し算ができるようになった子供たちは、自分たちがどうしてそれができるようになったのか、あとになって説明することができない。……シガレットが十二本として私に開示されるとき、私は私の加算活動について、一つの非措定的な意識をもつ。事実、もし誰かが私に向かって《あなたはそこで何をしているのですか》とたずねるならば、私は即座に《かぞえているのです》と答えるであろう。そしてこの答えは、単に、私が反省によって到達しうる瞬間的な意識をめざしているばかりでなく、反省されることなしに過ごされてきた意識状態……をもめざしている。それゆえ、反省される意識に対する反省の優位を認めるいかなる余地も存在しない。反省が、反省される意識を、それ自身に対して顕示するのではない。まったく反対に、非反省的意識が反省を可能ならしめるのである（ibid.：26）。

このシガレットを数える例からもわかるように、サルトルにおいては、対象についての「定立的（positional）」または「措定的（thétique）」な意識が、同時に、自己についての「非定立的（非措定的）」な意識であるとされる。サルトルはそうした意識の存在論的構造を「対自（pour-soi）」とよぶ。

サルトルはまた引用文の後半部で、「反省（réflexion）」または「反省的意識（conscience réflexive）」と、「非反省的意識」との関係に言及している。サルトルによれば「反省とは、自分自身についての意識的な対自である」。他方で、対自はすでに、自己についての非反省的（非定立的、非措定的）な意識でもあるから、反省とは厳密には「反省される意識」のことにほかならない（ibid.：282）。

　意識的な対自としての反省（的意識）によって、活動主体としての〈私〉が現前する一方で、〈私〉の現前が非反省的意識のなかで生起する場合がある。それがサルトルのいう、「主観–他者（autrui-sujet）」の「まなざし（regard）」によって生起する、「対他存在（être-pour-autrui）」としての私である（ibid.：447 以下）。サルトルは非反省的意識において現前する、対他存在としての私について、ある人が鍵穴から他人の部屋のなかをのぞいている場面を想定して、次のように説明する。

> 突然、廊下で足音のするのが聞こえた。誰かが私にまなざしを向けている。このことは何を意味するのだろうか？　……私は、突然、私の存在において襲われる。本質的な変様が私の構造のうちに現れる。……われわれは対自をその孤独において考察したかぎりにおいて、非反省的意識のうちに一つの「私」が住むことはありえず、「私」は、対象としては、反省的意識にとってしか与えられないと主張することができた。けれども、いまの場合には、「私」がやってきて非反省的意識につきまとう。ところで、非反省的意識は、世界についての意識である。それゆえ「私」は、非反省的意識にとっては世界の諸対象の次元にしか存在しない。しかしながら、「私」を現前させるという、反省的意識にのみ帰せられていたこの役割が、いまここでは、非反省的意識に属している（ibid.：459）。

　以上のような非反省的な私の意識における、対他存在としての「私」の現前の契機としてサルトルが着目するのが、他者のまなざしによって自己のう

第 4 章　廣松渉の役割理論と物象化論

ちにめばえる「羞恥」である。サルトルはつづけて次のように述べている。

> 他者のまなざしを私に顕示し、このまなざしの末端において私自身を顕示するのは、羞恥もしくは自負である。また、私をして、まなざしを向けられている者の状況を、認識させるのではなく、生きさせるのは、羞恥もしくは自負である。ところで、羞恥は……自己についての羞恥である。羞恥は、私はまさに、他者がまなざしを向けて判断しているこの対象であるということの承認である（ibid.: 460）。

　この見解には、サルトルが独我論の一つとしてしりぞけたはずの、G・ヘーゲルの『精神現象学』（1807 年）における「自己意識」論の論点が再浮上している。サルトルの主張によれば、「ヘーゲルの天才的な着想は、私を、私の存在において、他人に依存させている」（ibid.: 422）点にある。つまりヘーゲルにおいては、「私自身にとっての私の存在と、他者にとっての私の存在とが対立させられるのではなくて、対他存在が、私自身にとっての私の存在の必要条件として現れる」（ibid.: 423）のである。
　以上をふまえて考えると、サルトルの他者論は結局のところ、「私の他者に対する存在、すなわち私の対他存在の理論であり、さらに言って、『私』と『私の対他存在』との関係の理論である」。またその意味では、サルトルの他者論は、「依然として自己内完結的な、乃至は自己内循環的な閉鎖的関係にすぎない」ことになる（宇都宮 1964: 118）。
　現にサルトルは「意識個体相互間の関係」を、すなわち、対自と他の対自との関係を、「まなざしを向けている存在（主観-他者）」と「まなざしを向けられている存在（対象-他者）」の「相克」関係として把握する（Sartre [1943] 2003＝1999: 492, 817）。換言すれば、対他存在としての「私」の現前という事態は、「他者が私にとって対象であるか、もしくは、私自身が他者にとっての対象であるか、そのいずれかに応じてしか、意味をもつことができない」（ibid.: 492）ということである。

ここで次に問題となるのが、自己の自由と他者の自由の相克についてである。サルトルは「実存は本質に先立つ」で有名な『実存主義とは何か』(1946年)において、『存在と無』の「対自-対他」分析を実践的な議論のなかで展開している。それによると、サルトルのかかげる実存主義の第一原理は、「人間はみずからつくるところのもの以外の何ものでもない」ということ、すなわち「人間の本性は存在しない」ということにある (Sartre 1946 = 1996：42)。

このことは裏をかえせば、人間はあらゆる決定論にしばられることなく自由であり、さらにいえば、「自由の刑に処せられている」。サルトルによれば、ここでいう「刑に処せられているというのは、人間は自分自身をつくったのではないからであり、しかも一面において自由であるのは、ひとたび世界のなかに投げだされたからには、人間は自分のなすこと一切について責任があるからである」(ibid.：51)。

哲学者の宇都宮芳明はこの点にふれて、「サルトルの倫理は、自由の倫理と言うよりも、むしろ自己に対する誠実の倫理であり、また責任の倫理である」(宇都宮 1980：66)と指摘する。当のサルトルは、この場合の「責任」には、すなわち、自由に随伴する責任については、自分自身についての責任の意味と全人類に対する責任の意味との、2つの意味を含むと主張する (Sartre 1946 = 1996：43)。つまり、「個人は自己の自由な選択に際して他人の存在をその選択の条件としてさらに配慮する」(宇都宮 1980：67) 必要があるのである。

たとえば、近年活発化している自然災害にさいして、自治体からの避難勧告がだされた場合、それに対する応答の諾否は個人の自由である。しかしながら、その自由に〈他者への配慮〉を加味するのであれば、(利他的な)勧告にそむくことは問題となる。そのため、自治体側の(ある意味では)自由によって、各人の自由は制限されることとなる。だが、それでは、自己の自由とは一体何を意味するのか。この点についてサルトルは、次のように述べている。

> われわれは自由を欲することによって、自由はまったく他人の自由に依拠していること、他人の自由はわれわれの自由に依拠していることを発

見する。むろん、人間の定義としての自由は他人に依拠するものではないが、しかしアンガジュマンが行われるやいなや、私は私の自由と同時に他人の自由を望まないではいられなくなる。他人の自由をも同様に目的とするのでなければ、私は私の自由を目的とすることはできないのである（Sartre 1946＝1996：75）。

けれども、先の宇都宮のいうように、「私はなにを根拠として、自他の自由が相互に依拠しあっている（もしくは依拠すべきである）ことを知るのであろうか」(宇都宮 1980：68)。このことは、相克関係のうちに他者をみるサルトルの立場からは、解決しがたい問題として残されたままとなる。結局問題となるのは、主客未分の非反省的意識が、主観-他者のまなざしの介在によって主体と客体（対象）に二元化されてしまうという、別の言い方をすれば、二重性の論理が解体されることにあるように思われる。

第4節　本来的な自己と非本来的な自己

サルトルのいう主観-他者のまなざしは、対象化する自己と対象化される自己の関係を問うかぎり、再度主客二元論に戻ることになる。この点にかんして哲学者のA・マッキンタイアは、E・ゴフマンの役割理論（注4参照）とサルトルを結びつけて考える。なぜならマッキンタイアによれば、両者の議論はともに、近代の個人主義的な〈自己〉理解の典型であり、以下のような共通点がみられるからである。

> サルトル——ここでは1930年代と1940年代のときの彼についてのみ話す——は、自己を、たまたまそれが引き受けている特定の社会的役割のいずれともまったく区別されたものとして描いた。アーヴィング・ゴフマンはそれと対照的に、自己をその役割演技（role-playing）に解消して、自己は役割という衣服がかけられている「掛けくぎ」以外の何ものでも

ないと論じた。サルトルから見れば、中心的誤りは、自己をその役割と同一視することである。……ゴフマンから見れば、中心的誤りは、役割演技による複雑な表現を超えて、その彼方に実体のある自己が存在すると想定することだ。……しかし、この二つの対照的に見える見解には、……多くの共通点がある。一方で、社会についてのゴフマンの逸話に富んだ記述では、識別可能なあの幽霊のような「私」、すなわちゴフマンによって実体的な自己性を否定された心理的な掛けくぎが、依然として存在している。それは、しっかりと役割に組み込まれた一つの状況から別の状況へとつかの間のあいだ飛びかうのである。他方で、サルトルにとって自己のなす自己発見（self-discovery）は、〈自己は「無」であり実体ではなく、絶え間なく開かれた一群の可能性である〉という発見として特徴づけられる。……つまり、彼らが一致している点とは他でもなく、まさに両者とも自己を完全に社会に対置されたものとして見ている点である（MacIntyre 1984＝1993：40）。

　私見では、マッキンタイアのこうした理解を生みだす要因として、ゴフマンとサルトルの議論が、後述するように、自己存在の「本来的／非本来的」の区別を誘発するところが大きいように思われる。そもそも、サルトル哲学の基礎にある対自存在は、「それがあるところのものであらず、それがあらぬところのものであるような存在」として規定される。この規定の前半部の「それがある」というのは、対自の「事実性」をさし、後半部の「あらぬ」（＝否定）は、対自の「脱自的」性格をあらわす「超越」をさしている（Sartre [1943] 2003＝1999：132）。換言すれば、対自は事実性を超越する（＝その人のおかれた状況を変革する可能性を有する）一方で、対自の超越は事実性に端を発するということである。

　対自におけるこの事実性と超越の二重性は、それゆえ〈相関的〉または〈マルクス的〉な二重性であるといえる。ところが、「実存は本質に先立つ」ことをかかげるサルトルにおいて、その超越の概念は事実性をのりこえること

第 4 章　廣松渉の役割理論と物象化論

を企図している以上、そこにはマルクス解釈における「疎外論」の立場のかかえる問題が再浮上することになる。すなわち、個人と社会の相関性を本来表現するために使用される実践概念が、対象に対置する主体の属性としてとりこまれてしまうという問題である[5]（花崎 1972：50）。

　この点について、廣松はマルクス解釈をめぐって、疎外論から「物象化論」への移行を説いたことで有名である。物象化論を重視するその廣松にとってサルトルの問題点は、対他存在の「主観-他者／対象-他者」の主客二元論的な図式のなかで、「主観-我々」という共同主観性の要素が欠落している点にある（廣松ほか［1973］2017：463）。

　廣松のこの問題意識は、初期の著作『マルクス主義の地平』（1969 年）からすでにあらわれている。廣松はこの著作において、「マルクス主義的唯物論」の立場から、M・ハイデガーの「世界内存在」にかわる、「歴史内存在」概念を提示している。問題の出発点として、廣松はハイデガーの世界内存在について、次のように要約する。

> 　ハイデッガーによれば、日常的世界・内・存在では「ヒトとしての自己 (man selbst)」が主体になっているが、これは本来的な在り方ではない。平均的・非本来的な「ヒト」へのこの頽落は、無の深淵にかけ渡された橋たる自己の真実態から来る不安を覆いかくそうとするものであって、人間はこれをも一形態とする投企の可能性をもっている。現存在は、世界・内・存在としての被投性に鑑みれば、被投的投企 geworfener Entwurf というべきであって、自己の存在に態度をとる実存とは詮ずるところこれである。現存在の究極的な実存構造たる慮 Sorge の本質的性格は、まさに被投的投企にあり、死を先駆的に生き、良心の呼び声に応える先駆的決意性 laufende Entschlossenheit にある。人間は、先駆的決意性において頽落を超脱して、単独者としての本来的な自己へと「到来」する（廣松 1969：72-73）。

こうしたハイデガーの世界内存在概念に対して廣松が問題とするのが、「単独者」としての「本来的な自己」と、「非本来的」な「ヒトとしての自己」を区別する必要性についてである。というのも、結局この区別は、サルトルにみられる超越と事実性の二元論に収斂してしまうからである。そこで、廣松においてこの区別の克服に一石を投じるべく導入されたのが、以下のような歴史内存在の概念である。

> 歴史・内・存在としての人間は、単にヒトとして行為しているのではなく、……一定の status and role において、しかも「強制」（contrainte）された思惟と行為の様式 manières de penser et de faire において活動している。人びとの「誰」がそもそも歴史的・社会的・共同主観的であり、そのような「誰」かとして人びとは日常不断に行動している。また、歴史・内・存在に開らける如実の世界の各分節も、本源的に意味を懐胎（Prägnanz der Bedeutung）しており、必ず「何か」として在る（同：87-88）。

　以上からわかるように、歴史内存在概念は廣松の役割理論と結びついており、レアールな被視存在がイデアールな役柄存在としてあらわれるという二肢的構造が、ここでもみられることになる。さらに、廣松にとって自己のありかたというのは、役割行動をともにする（＝協働する）他者の役割期待によって規定されるため、その「本来的な在り方」は虚構にすぎないものとなる。それゆえ、廣松は次のように結論づける。

> 「社会的諸関係の総体」としての人間には、超歴史的・超階級的・超社会的な「本来的な在り方」などはない。従って「本来的な在り方」を回復するなどということはそもそもできない相談である。しかるに今日、……現存の生産関係（交通関係）が生産力にとって桎梏に転じていることの屈折した意識的投影として、現存の不合理性が"非本来性"という形で意識され、理想として表象される将来の在り方が"本来性"という

第4章　廣松渉の役割理論と物象化論

形で意識されているのである。ここにおいて、理想と現実を逆構成し、現実を以って"本来的な在り方"からの疎外、理想（これ自体、歴史的・社会的・階級的に規定されたものである）の実現を以って"本来的な在り方"への復帰、"本来性の回復"だと考えるイデオロギー的顚倒が生ずる（同：248）。

この点について哲学者の花崎皋平は、マルクス主義の立場を廣松と共有しつつも、廣松の共同主観的な実践理解、すなわち、実践を自他の間主体的な「協働」としてのみ捉えている点に異議をとなえている（花崎 1972：181 以下）。そのさい花崎が強調するのは、自己の「本来的／非本来的」区別のなかに、「実践主体の形成、能力の対自化、既成性をやぶる否定性という契機」（同：190）が含まれていることである。花崎は次のように述べている。

> 非本来的-本来的、という、……人間の在り方の対置には、……人格的個人の活動は、現実態においては、物象化された社会的諸関係によって媒介され、かつそれへと物象化されながら、可能的に、それとは質的にことなる関連を形成する、……その還相が本来的といういい方で示唆されている[6]（同：192）。

しかし廣松からすれば、そもそも花崎のいう「人格（Person）」は、語源的に「仮装舞台でつける『面』、広くは舞台での"仮装""外観"を表わし、役者の扮技、役柄を扮すること personate に通じた」ものである。よって人格とは、「歴史的・社会的に存在被拘束的な生の発現 Lebensäußerung」なのであって、その個体性は「機能的・函数的な関わり合い funktionelles Beziehen の"項"たるにすぎない」ことになる（廣松 1969：127-128）。

私見では、両者の見解の分岐点もまた、マルクス解釈における、疎外論的把握と物象化論的把握のちがいに帰着するように思われる。すなわち、一方の疎外論的解釈においては、「一個の人格としてふるまいうるということが

97

人間の尊厳の最小限の条件である」(岩淵 2007：132, 151)。またその場合、「人格の物象化」(マルクス)という事態は、主体的自己の客体化(＝非本来的なありかた)として理解される。

　他方、廣松の物象化論的解釈において、人格の物象化とは「『関係の物象化』」のことであり、「主体的なものの物象化」を意味しない(廣松［1983］2001：117)。しかも関係の物象化とは、社会的諸関係が「当事主体の日常性にとって物象的に"自立化"するという一方の事実、および、この物象化された形象が、学知的反省によって把えられる真実態においては、あくまで関係態であるという他方の事実」(同：67)を含意する。

　よって、関係の物象化といっても、廣松において社会的諸関係と物象化とは、あくまで〈共属的〉に把握されるものなのである。そしてこの共属関係において、そのつどの他者関係における〈役割〉と、その歴史的・社会的な物象化形態である〈ひと〉との共属性が、共同主観的な役柄存在の二重性として表現されることになる。

　くわえて廣松によれば、「当事主体たちは当の物象化的錯認の相に規制されつつ行動するのであり、社会的・歴史的な行為の現実的遂行、従って、歴史の歴史としての進展は、当事者たちの日常性における"物象化的錯認"を謂わば積極的契機としている」(同：67)。この「社会的・歴史的な行為の現実的遂行」の「物象化的錯認」は、A・ギデンズの構造化理論における、行為者の意図と実際のおこないの〈ずれ〉に一面では照応する。だが、ギデンズにおいてこのずれが生じるのは、主体の行為を規制する再帰的モニタリングが〈主観的〉なものだからである。一方、廣松のいう物象化的錯認は、社会的諸関係と共属的な、それ自体が〈共同主観的〉に把握されるものなのである。

第5節　廣松哲学に対する若干の補足

　廣松哲学におけるレアール・イデアールの二肢的構造は、ちょうど日本語

第4章　廣松渉の役割理論と物象化論

の「もの／こと」の対比に対応するものである。哲学者の檜垣立哉はそうした廣松哲学が、「『もの』に対する『こと』の哲学」（檜垣 2012：75）をかかげている点で、「純粋経験」に代表される西田幾多郎の哲学との類似性を指摘する。というのも、両者には「「『こと』という主題を主客未分化な事態として摘出し、そこで近代哲学なるものの『乗り越え』を画策する指向」（同：76）がみられるからである。

ただし相違点もある。檜垣のいうように、廣松にとって「こと」とは、「知覚の分節化、『図』と『地』の区分、『何か』の浮きあがりのなかで、意味が共同的に成立していく場面」をさしている。しかしその場合、「西田であれば『無』として問い詰めていくような『地』の方向への視座」が欠落することになる。それゆえ、「西田が『無』を問うたがゆえにとりだされる物質の唯物論性が、つまりはまったくの無意味としかいいようのない物質＝質料性が、廣松において主題化されることはなくなってしまう」のである（同：80）。

したがって廣松の場合、「こと」としての「『意味』に介在する『無意味』の位相」、または、「意味そのものを産出するダイナミズム」としての「無意味」の位相を、議論のなかからとりだすことができない（同：85）。逆に西田の場合、「『無』を追求しながらも、それを観念的に指示するだけではなく、最晩年には『ポイエシス』という制度生成論と生命論をかみあわせたヴィジョンをみいだすにいたっている」（同：88）と、檜垣は指摘する。

ここで想起されるのが、生物学の「オートポイエーシス」概念を、システムの「自己言及（性）」と結びつけて社会理論を構築したN・ルーマンである[7]。ルーマンによれば、役割理論を含む従来の社会理論においては、人間が社会秩序の「内部」に位置づけられ、その「構成要素」とみなされる傾向にあった（Luhmann 1984＝1993・1995：332）。

ルーマンは逆に、社会システムと環境を区別し、人間を全体社会にとっての〈外部〉＝「環境の一部」とみなすことにより、人間の「非拘束的」な側面に着手する。この立場にたつとき、「人間には、人間の環境に比べれば、より高次の自由が容認されており、とりわけ非理性的で非道徳的な行動に対

99

する自由が認められている」ことが理解されるのである（ibid.：335）。ルーマンは次のように述べている。

> 全体社会から相互行為に対してもたらされるのは、自由と制約の整序である。自由と制約の整序ということは、相互行為それ自体では根拠づけることができないだろう。……相互行為の関与者たちは、その相互行為以外での制約、それ以外の役割義務を有していることによって、いわば、当の相互行為における人格とは別の人格となっている。というのも、その相互行為以外の場所では、その相互行為の関与者たちの人格的同一性には、その相互行為の場合とは別の歴史と別の期待が結びつけられているからである。個々の人間からすればこの点に、自分自身を個体として、つまり、みずからの人格と役割を制御する準拠点として捉えることの根拠がある。相互行為システムにとってみればこの点に、その関与者たちが自由であるための基本的前提条件があり、……全体社会と相互行為の差異は、制約を自由へと変換しているのである（ibid.：764）。

以上のルーマンの「人格」理解は、役割理論と共鳴する部分も少なくない。ただし役割理論の場合、人間の自由の根拠は人間に帰せられ、社会には帰せられない。なぜなら役割理論は、相互行為と分化した全体社会の自己言及性を考慮していないからである。結果としてたとえば、代表的な役割理論家であるゴフマンなどは、次のような発想にいたる傾向にある。すなわち、「個人は一つの集団から自由になっても自由にならない。なぜなら、他の集団がその人をつかまえてしまうからである」（Goffman 1961＝1985：155）。

それでは、廣松の役割理論についてはどうだろうか。たとえばルーマンは、役割理論のように、夫婦・親子・主従などの二者関係の相互行為に焦点をあてる場合、この関係が「構成する人間に分解されると、その関与者たちの生活現実の社会的性質は、必ず失われてしまう」（Luhmann 1984＝1993・1995：741）という。ここでのルーマンの趣旨は、二者関係に焦点をあてる役割理

第4章　廣松渉の役割理論と物象化論

論の場合、相互行為と全体社会の分化過程が把握できなくなるということにある。この点にかんして廣松の役割理論は、自己存在の〈人称的／非人称的〉区別を考慮しているので、パーソナル（＝人格的）な相互行為と、インパーソナル（＝非人格的）な全体社会の区別に対応できる議論になっているといえる。

ただし、廣松において自己存在の非人称的側面は、共同主観性（役割期待）の歴史的・社会的な物象化によって形成されるものとされ、そこに規範的な〈第三者〉の要素が介在することになる。またそれによって、個々の人格の自由よりもその同調的性格が強調されることになる。対照的にルーマンの人格理解は、その場の相互行為において期待される人格と、その場の相互行為から離れることで得られる自由＝「別の人格」の二重性を論じている。

廣松とルーマンの比較からわかるのは、ルーマンにおいては、自己の非人称的な側面が〈自由〉と結びつけられるのに対して、廣松においては、他者との人称的な役割関係のなかに、自己の自由がみいだされることである。つまり、子どもが牛をみて「ワンワン」というとき、この子どものありかたに親が同調（共振）できるのは、他者との人称的＝人格的な関係それ自体が、自己の〈可能性〉（＝自由）と連動しているからである。一方で、自己の非人称的側面は、自他の人称的な共同主観性の物象化として把握され、この物象化が、社会生活の自明性を保証する立論となっているのである。

【注】

(1) 現象や現相のこと。廣松は「反省以前的な意識に現われるがままの世界」を「フェノメナルな世界」とよび、それを形成している諸「分肢」のことを「フェノメノン」と表現している（廣松［1972］2017：44）。

(2) 勝守真はintersubjectivityの2つの訳語「間主観性」と「共同主観性」の差異から、この点に言及している。勝守の解釈では、「inter-の原義をより〈忠実〉に再現する『間主観性』（ないし『間主体性』）の語が主として用いられるのは、諸能知が『自他的共軛称』の態勢にあって人称的に分極している場合についてであるのにたいし、『共同主観性』（『共同主体性』）という語は主として、

諸能知がすでに『相互承認』を遂げて『我々的協同態』をなす場面について用いられている」(勝守 2009：40-41；廣松 1982：129-131)。

　勝守によれば、後者の共同主観性は前者の間主観性の「物象化」と関係があり、その場合物象化とは、「同一の意味がこの『我々』にたいして共同主観的に現前する」(同：41)ことをさしている。

(3) 廣松の理論における役割と役柄のちがいについては、小林敏明の次の説明が参考となる。「廣松にとって役割とは本来的にはあくまでそのつどの状況に制約された動的な対他行動であり、それは瞬間瞬間において異なったフレキシブルな行動である。ところが類似の状況やそれへの対応が度重なってくると、次第に行動のルーティーン化が起こり、それにともなって概括的に行動を規制するような一種のルールのようなものが生まれてくる。いわば役割行為の安定化固定化である。廣松はこうした一定の型をもった役割行動の様式を『役柄』と用語化する」(小林［2007］2015：116)。

(4) アメリカの社会学者E・ゴフマンによれば、他者との対面的相互行為の状況において、その状況が行為者に課す（＝期待する）役割を遂行するとき、行為者の「おこない（doing）」と行為者の「存在（being）」は一致する。一方で役割というのは、行為者によって「演じられる」だけでなく、行為者が「演じるふりをする」ことがある。このときみられる、おこないと存在の不一致のことを、ゴフマンは「役割距離（role distance）」とよぶ（Goffman 1961＝1985：104 以下）。

　役割距離はたとえば、外科医が集中力を要する手術中に、あえてリラックスした（＝役割から距離をおく）態度を周囲にみせることで、その場の緊張を和らげる場面などにみられる。そうした役割距離をつうじて理解されるのは、行為者のひきうける役割と実際の役割遂行の不一致のなかに、「自由と駆け引きの余地」(ibid.：146) があることである。しかしここでの「余地」を、そのつどの役割を調整する〈主体〉として解釈すると、役割理論は再び主客二元論の図式に回帰することになる。

(5) 花崎皐平 (1972：24-25) によれば、「そもそも『疎外』の概念は、『生産』活動としての労働の概念と不可分なものとして、ヘーゲル哲学の地盤でうまれたものであった。ヘーゲルも、ある意味で、歴史を生産としてとらえていた。しかし、ヘーゲルにおける生産は、精神の自己産出行為としての生産であり、したがって『疎外』もまた精神の『外化』とひとしいものであった」。そして「多くの疎外論者は、この疎外の思想をもってマルクスの哲学と弁証法の原理を

第 4 章　廣松渉の役割理論と物象化論

説明し、実践的情熱をここから汲みとろうとする。彼らは共通して、弁証法を主体-客体の論理とし、疎外とその止揚の無限のラセン運動のなかに、弁証法の真理——実践の論理——をみようとする」。

(6)　しかしこの場合、花崎はサルトル的観点から、個人と社会の関係を把握していることになる。実際、花崎は次のように述べている。「実践は、対象的活動、歴史的・社会的に共同主観化された"被投的な"対象的活動、というように透明にとらえかえさるべきではなく、人間存在の使命としての闘争、自由の実現、人間によって歴史化されつつ、人間をその使命にめざめさせる無限な現実への接触という『実存的契機』をふくむものとして、対象化＝主体化的活動としてとらえかえされるべきであろう」(花崎 1972：195)。

(7)　馬場靖雄（2001：2-3）によれば、ルーマンの社会理論は次の3つの発展段階に区分される。すなわち、60年代から70年代なかばの「複雑性の縮減」を扱った初期、「自己言及」概念を導入した、70年代なかばから80年代前半の中期、「オートポイエーシス」概念を導入した、主著『社会システム理論』(1984年)刊行以降の後期である。馬場によれば、中期および後期は、初期の「変化・修正としてではなく、後者のうちに潜んでいた発想が新たな概念の助力を得て顕在化したものとして捉えうる」という。

第5章　木村敏の自己論と自明性の問題

　本章では、精神病理学者の木村敏の自己論について、これを精神科医療の二重性＝患者のかかえる〈苦痛の共有〉の契機と、患者の周囲の人々がかかえる〈苦痛の排除〉の契機の観点から考察する。本文で検討するように、この二重性から導出されるのは、自己論への〈生命論的〉視点の導入である。木村は生命論的自己論を展開するなかで、統合失調症の患者において疑問に付されている「自己が自己である」という自明性を、個々の生命の一人称的次元と、非人称的な「生命一般」の次元の関係から理解する。そしてこの関係のなかに認められるのが、生命一般の自他間の〈共有〉という契機と、個々の生命の個別性の成立に必要な、生命一般の〈排除〉という契機である。

　木村の自己論はその意味で、個々の生命と生命一般の〈共属的〉二重性の観点から自己存在を論じているといえる。一方で、木村は自己存在の二重性を、「個別的主体性」と「集団的主体性」の関係として捉えなおし、2つの主体性の〈相関的〉構造にもふれている。そのさい木村が言及するのが「合奏音楽」である。合奏音楽において、個々の演奏者は全体の音楽の創出にかかわるが、実際にはそのようにして成立する全体の音楽が、個々の演奏に方向づけを与えている。この点に着目することによって、木村の自己論は共属的二重性と相関的二重性の相互関係のなかで把握されることになる。

第1節　木村の自覚的現象学

　精神科医／精神病理学者の木村敏は、「自己が自己である」ことの自明性に問題をかかえる「統合失調症（旧称：精神分裂病）」という病態を、現象学の

観点から主として探究し、独自の自己論を展開している。木村はそうした自身の思索を、「現場感覚」を大切にするという意味で「臨床哲学」と名づけている（木村 2008a：2）。この点にかんして哲学者の浜渦辰二によれば、日本の臨床哲学には、木村のような精神病理学の立場からのものと、鷲田清一らが提唱する、哲学における「言説の立ち上がる場所を〈対話〉に見出す」（浜渦 2010：144）立場からのものがあるという。以上を念頭におきつつ、浜渦は木村の臨床哲学を次のように要約する。

> 木村が「臨床」を強調するのは、単に「現場」から出発することを大事にしたいというだけでなく、精神病の病態が「現象」として自らを示すのは、この「医師と病者の間」においてであり、精神医学における現象学的研究については、この〈あいだ〉の構造の解明が出発点とならざるをえないからである。……したがって、それは、単に精神病理学に哲学を持ち込んで、哲学者が自分自身をモデルにして考えた結論を、他人（病者）についての言述の参考にするようなものではない。むしろ、自分というものがあるということを自明の前提に「一人称の知」をモデルにした従来の哲学に対して、「ひととひととの〈あいだ〉で生じる（あるいはそうした〈あいだ〉でしか生じない）知」すなわち「二人称の知」（檜垣立哉）をモデルにした臨床哲学を対置している（同：143-144）。

引用文の「二人称の知」というモデルは、鷲田らの臨床哲学の発想にも共通した要素である。異なるのは、臨床の場を共有する他者の〈理解〉と〈対話〉の関係である。まず、鷲田らの臨床哲学において、相手は「見かけ上はごく当たり前に社会のなかで生きており、そうした人々のもとで・とともに、社会と臨床の接点で思索することが『臨床哲学』と呼ばれている」（同：144）。言い方をかえれば、鷲田らの臨床哲学は、他者との対話を前提として、この対話から他者理解がおこなわれることになる。

　それに対して木村の臨床哲学は、患者との対話が成立するための患者理解

第5章　木村敏の自己論と自明性の問題

が先行することになる[1]。そのさい、木村の用いる現象学は、「『問う人』自身の意識や存在についてではなく、『問われる人』としての患者の側の意識や存在について二人称的に適用」（木村［1975］2012：317）されることになる。木村によれば、この現象学においては、医者自身の「自覚」をとおして、患者の「内面」を「直観」することが重要になるという（同：20）。木村はそうした「他人における現象を、一度我の自覚に映して反転せしめることによってこれを知る」現象学のことを、「自覚的現象学」とよぶ（同：186）。

けれども木村によれば、精神病理学において現象学の名のもとに従来考えられてきたのは、K・ヤスパースの〈一人称的〉な「記述現象学」であった。ここで一人称的と付したのは、この現象学が「対象に出会った自己自身の了解作用の成立不成立を述べているにすぎず、それは対象の記述であるよりはむしろ自己の主観についての記述でしかありえない」からである（同：185-186）。

一方、ヤスパース現象学の立場にたつ精神病理学者の松尾正によれば、治療者が「病者の精神に心を移し入れ、その病者自身の立場となってみる」（松尾 1987：135）のが、ヤスパースの一人称的（主観的）な現象学的精神病理学の立場である。この点では、木村の立場とヤスパースの立場に大差はないようにも思える。

しかしながら、ヤスパースもその影響下にある、E・フッサールの現象学において問題となるのは、「他者認識の不可能性」である。そのため、精神科医が「つねに他者の精神という自分以外の『内部』を問題にせざるをえない以上、厳密な意味での現象学的立場は、精神病理学において閉ざされざるをえなくなってしまう」（同：138）ことになる。ヤスパースがそこでもちだすのが、W・ディルタイ由来の「了解（Verstehen）」概念である。

松尾によれば、ヤスパースの了解概念は、「病者が告知した体験そのものに対する精神科医の"主観的"な感情移入の可能性、不可能性を問題にするのではなく、病者そのものをその精神科医が共属的な相関関係にある他者＝人格として把握しえるかどうかを意味する」。それはつまり、「精神科医の意

107

識そのものにおける他者構成論」にかかわる問題であり、この時点でヤスパースの「主観的現象学」は、フッサールの問題系にたちかえることになる（同：141）。

　ここでは自覚的現象学のように、一定の「感情移入可能性のもとで、病者の体験がそのまま精神科医自身の体験として直接的に把握されうる」ことが問題なのではない。むしろ「いかにしてわれわれは、他者をそのような一見了解が可能であると認識しえるぐらい自然的な他者として構成しえるのか」ということが重要な論点となる（同：141）。要するにそれは、「健常者」の他我構成にかかわる問題を主題としている。つまり、「他者がすでに前もって同じ『生活世界』に住む他者であるとして先構成されるかぎり、その他者のいうことははじめから了解可能」（同：143）であることが、ここでは説かれているのである。

　この場合、ヤスパース現象学の立場からは、統合失調症者は了解不能な他者ということになり、その治療論的な展開の可能性も費えることになる（同：145）。しかしこの現象学の意義は、一人称の視点を徹底することによって、本来感情移入の不可能な他者を「自然的な他者」として先構成する、日常の「生活世界」の自明性というテーマに端緒を開いた点にある。

　逆に、自覚的現象学における、治療者自身の自覚という一人称的視点は、「他者という二人称的対象に対してまったく透明で、何も障害なく貫き通される」（同：162）点に問題が残ると松尾は指摘し、さらに次のように述べている。

> 　筆者は、現象学とは精神病理学においても、本来徹底的に一人称的であらねばならないと考えている。そしてそのようなわれわれ自身の意識に認識されるかぎりでの他者——すなわち二人称を問題にしていかなければならないと思うのである。一人称的意識を離れて、二人称のみが問題になるとき、その立場はすでに何ら現象学的ではありえない。さらにいえば、われわれはあくまで一人称的な現象学の立場に立つことによって、そのような一人称に経験的に対峙する二人称ではなく、一人称そのもの

第5章　木村敏の自己論と自明性の問題

の成立に関わる超越論的二人称性といった、もっとも重要で現象学的な根源的契機を問題にしていかなければならないのである (同：163)。

　松尾の以上の批判は 1987 年当時のものだが、近年の木村の思索は、むしろ松尾の指摘する点を考慮したものとなっている。一言でいえばそれは、「アクチュアル」な一人称の自己と「ヴァーチュアル」な非人称の自己の関係への着目である[2] (木村 2016：57, 60-61)。よって、松尾のいう「一人称そのものの成立に関わる超越論的二人称性」は、木村自己論においては、アクチュアルな自己とヴァーチュアルな自己の関係として把握されることになる。そしてこの自己と自己の〈関係〉のことを、木村は「あいだ」とよぶ。

　この場合、「あいだ」には 2 つの意味がある。一つは自他の〈共同性〉の意味であり、もう一つは自他の〈個別性〉の意味である。すなわち、一方で「あいだ」は「自分の事が他人の事であり、他人の事が自分の事である」(木村［1970］1978：155-156) ような「通底構造」(木村 2008a：62) として考えられている。しかしそれは、和辻哲郎の「間柄」概念のような、自他の人格的交流を意味するものではなく、ヴァーチュアルな自他未分の事態をさしている[3]。

　他方で「あいだ」には、自他の差異や隔たりの要素が含まれており、それはアクチュアルな一人称の自己の〈生成〉に関係する。木村はこの事態を「自己の自覚的個別化」(木村［1983］2008：195) と表現し、それが「自己自身の内部に生じる事態ではなくて、自己と他者の間、自己と世界の間に生じる事態である」(木村［1975］2012：256) ことを強調する。換言すれば、自己の自覚的個別化とは、自他の通底構造としての「あいだ」を、他者の「他者性」(次章第1節参照) との反照において、自己（＝自分のこと）として自覚することを意味する。木村によれば、この自覚的個別化に困難をかかえているのが統合失調症の特徴であり、それは自己の主体性が他者性によって簒奪される「被影響体験」[4] などからも理解される。

　要約すれば、木村の「あいだ」概念には、自他の個別性と共同性、差異と

同一性の契機が含まれており、この両契機の関係が、ヴァーチュアルな非人称の自己からの、アクチュアルな一人称の自己の生成に関与している（この点については、第5節で再検討する）。

第2節　精神科医療の二重性

　ところで、木村自己論を考察するにあたって前提として考えておかなくてはならないのが、精神科医療の〈意味〉の二重性である。以下では、1972年発表の木村の論文「医者と患者」をもとに、この点について検討してみる。木村はこの論文で、ドイツ語の Not（ノート）のもつ3つの意味を援用しつつ、次のように述べている。

> 患者の側における「病気」という「困窮（ノート）」と、医者の側における「治療」の「必要性（ノート）」とは、同じ一つの事態の「切迫性（ノート）」に基づいている。この切迫した緊張状態において、何かが──つまり救助を求める願いと救助の行為との共同運動が──あらゆる認識や判断や知識に先立って、全く自然に動きはじめる（木村［1972］1975：331-332）。

　ここでの患者の「救助を求める願い」は、患者の「病気」の本質としての「苦痛」に根ざしたものである。なぜなら、「『病（やまい）』の語源である『やむ』という言葉は、本来は『苦痛』を意味している」（同：332）からである。この「苦痛」を契機とした、医者と患者の「共同運動」としての医療行為について、木村は次のように述べている。

> 病気が患者の苦痛を意味する限りにおいて、医者は彼自身、この苦痛を放置するに忍びない切迫性として実感する「苦痛の伴侶」でありうる。患者の苦痛は医者を動かして、医者の中にも苦痛を生み出す力を持って

第5章　木村敏の自己論と自明性の問題

いる。そこには一つの苦痛によって結ばれた共同体が形成される。そして医療とは、この医者・患者共同体が共通の苦痛を和らげるために試みる共同の努力を意味することになる（同：334）。

　ここでの「苦痛の伴侶」というありかたが、精神科医療の第一の意味である。しかしながら、木村が主として言及する統合失調症にかんしては、苦痛をいだいているのは患者本人ばかりでなく、患者の「非合理（非常識）的」ふるまいに悩まされている、周囲の人々にも該当する。したがってこの場合の医療とは、社会の要請に応じて「患者に一刻も早く日常的な常識を取戻させ、無害な人間として社会に復帰せしめること」（同：336）を目的としている。すなわちここでは、患者の社会復帰が第一の課題となる。これが精神科医療の第二の意味である。
　以上より、精神科医には二重の意味での医療行為が、すなわち、一方での医者と患者の関係における〈苦痛の共有〉と、他方での患者と周囲の人々との関係における〈苦痛の排除〉が要求されることとなる。ただし後者の点については、次のことをつけくわえておく必要がある。木村は次のように述べている。

　　精神医学には、他の臨床科ではほとんど考えられないひとつの際だった特異性が見出される。それは、精神科の患者のかなりの部分が、自分から苦痛を訴えて自発的に精神科医を受診するわけではない、という点である（木村 2008b：25）。

　このことを念頭におきつつ、精神科医が患者の「苦痛の伴侶」をひきうけることについて、木村は次のように述べている。

　　精神科医が患者からじっくり話を聞き、患者の精神症状が形成されてきたいきさつを理解し、患者を彼のもとへ連れてきた周囲の人たちの苦痛

よりずっと前から、実は患者自身がもっと深刻な苦痛を体験していたということに共感できるようになると、精神科医は患者にとって、非現実［＝幻覚妄想症状をはじめとする精神症状］と現実をつなぐ唯一の通路となる。そしてこの通路を通って、そこから真の意味での精神科医療が開始されることになる（同：27）。

そのうえで次に問題となるのが、精神科医がたてなおそうと試みる、患者の〈社会性〉についてである。そもそも「社会性（sociality/sociability）」とはどういうことをさすのか。本節ではまず、『社会性の哲学』（2007年）の著者である今村仁司の議論を検討する。

今村によれば、社会性とは「形式的にいえば個人と個人との関係づけの型」をさすが、「当事者の個人の立場に立っていえば、個人とは社会性を拒否し、外部に対して閉じた宇宙を作り上げていると感じている。社会関係から切れているからこそ個人である」。ゆえに「社会性は、原則的に他との関わりや共同性を拒否する個人の閉鎖性を破ることなしにはありえない」ものとなる（今村2007：5）。今村はこうした個人の「閉鎖性」を、個人間の「交通の原理的不可能性」（同：6）とよび、次のように述べている。

> 交通の原理的不可能性は、複数の「人間」が社会以前的な「群れ」をなして生きている状態のなかで、突如として特定の個人または少数者を排除し犠牲にするときに、乗り越えられる。……犠牲とは、抑圧や差別に関わるすべての現象を包括する行為であり、……この意味での犠牲を作ることが社会なるものを成立させるのである。要するに、犠牲制作が社会性を可能にするのである（同：7）。

今村はつづけて、なぜ「犠牲制作」なしに社会性の成立はありえないのか、この「原初的事実の人間学的由来」（同：8）に議論を進める。本書ではこの問題にはふみこまないが、注目すべきは、今村のいうように、社会性の成立

第5章　木村敏の自己論と自明性の問題

に犠牲制作が必要であることが、先に述べた〈苦痛の排除〉を物語っていることである。

この点にかんして、1960年代前半にまきおこった、いわゆる「反精神医学」運動の趣旨は、精神疾患の患者を社会的に排除することへの異議申したてということにあった。精神科医である木村はしかしながら、この反精神医学の立場に対しては、次のように懐疑的な態度をとる。

> 反精神医学がその特徴としている常識(5)解体をどこまでも首尾一貫して押し進めれば、それは必然的に社会的存在としての人間の解体というところまで到達せざるをえず、したがってまた、個人的生存への意志という、生物体に固有の欲求の否定に到達せざるをえない（木村 1973：181-182）。

むしろ木村によれば、「ここで見落してはならないのは、多くの分裂病者が決して完全に日常性に背を向けたり、常識の世界から絶対的に離脱してしまったりはしておらず、少くとも潜在的には正常社会への復帰を希（ねが）っているという事実である」（木村 [1975] 2012：36）。木村はその意味で、人間が「社会的存在」である以上、「正常社会」のもたらす社会的排除の要素を解消することはできないと考えている。

そのことをふまえつつも、木村の自己論は依然として、社会的排除の対象となりうる患者の社会復帰の可能性を射程におさめている。そしてそのために必要とされるのが、自己論への「生命論」(6)的視点の導入である。木村は次のように述べている。

> 人間において自己と他者の関係が問題になり、社会的な対人関係が問題になるのは、人間の種が——他の多くの社会的生物と同様——多数個体に分かれて生存しているからである。人類の存続という意味で維持されている生命が、個々の個体の生存というかたちに分散されているからで

ある。ところが一般には、この順序が逆に考えられている。つまり、個々の多数の個体が生存しているから、それらの個体間に社会的関係が生じるのだと考えられている。これに対してわれわれは、個体中心の見方では見えてこないし、もちろん言語的に概念化することもできない集合的な生命が、個々の個体の生命活動を通じて可視的に具現されているという見方をとってみようと思う（木村 1998：84）。

こうした木村の発想の転換は、今村のいう「複数の『人間』が社会以前的な『群れ』を生きている状態」における、交通の原理的不可能性ではなく、その〈可能性〉についての議論の展開を示唆する。いうまでもなくその背景には、患者の「苦痛の伴侶」としてある精神科医の姿勢がひかえている。そしてこの姿勢が意味するのは、患者と周囲の人々との関係における〈苦痛の排除〉と、医者と患者の関係における〈苦痛の共有〉という、相いれない2つの要素を精神科医が架橋することなのである。

第3節　二重否定の論理としての生への意志

前節では、木村の生命論的自己論の背景について検討した。本節以降では、木村自己論の具体的内容の検討を進める。出発点として検討すべきは、統合失調症者における、自己、他者、世界に対する「自明性の喪失」[7]（木村［1975］2012：270-276）の事態である。木村は「自明性」ということについて次のように述べている。

> われわれは自分自身の存在や日常世界の様相に対して、特別に問題意識を抱くことなしになんとなくそれを判り切ったこととして、この無問題的な了解の中に安住している。この安心感は、自己や世界全体が、あるいは世界の中に姿を現わしている個々の事物が、「それ自身であってそれ自身以外のものではない」という信頼に基礎を置いている。……いま、

第5章　木村敏の自己論と自明性の問題

この基礎的自明性を数学的な公式で表現してみるならば、次のようになるだろう。「・一・は・一・の・み・と・等・し・い」(8)（同：323）。

すなわち、自明性という言葉が意味するのは、「それ自身であってそれ自身以外のものではない」ということであり、それによって言い表される「1＝1」は、私たちが物事を合理的に考えるさいの合理性の基礎でもある。統合失調症において疑問に付されている「自己が自己である」ことの自明性もまた、この「1＝1」の合理性に支えられているといえる。

木村によれば、日常生活の合理性としての自明性は、一般に「正常-異常」といわれるさいの「正常」側の根拠となっている。このことは逆に、日常生活の合理的な自明性が、非合理的な「異常」を否定することによってなりたつことを示唆している（木村 1973：142 以下）。こうした「正常（合理）」による「異常（非合理）」の否定の問題にかんして、木村は次のような2つの問いを提起する。「まず、合理性はいかなる論理でもって非合理を排除するのであるか。次に、合理性の枠内にある『正常者』の社会は、いかなる正当性によって非合理の『異常者』の存在をこばみうるのであるか」（同：145）。

第一の問いにかんして、木村は「正常（合理）-異常（非合理）」の「対概念」に注目する（同：145-148）。これには2つのタイプがあり、一つは「大-小」「美-醜」「善-悪」「真-偽」など、「『AはBでないもの』、『BはAでないもの』という二つの規定がまったく相互的に交換できる」ものである（「真は偽でないもの」であり、「偽は真でないもの」である）。もう一つは、一見すると対概念のようにみえるが、一つ目のタイプのような相互的な交換が不可能な、「有-無」「一-多」「自-他」などである（「無」を「非有」と規定することはできるが、「有」を「非無」と規定することはできない）。後者の関係にかんして、木村は次のように述べている。

> 一方の語（有、一、自）は絶対的にそれ自身で完結した概念であって、もう一方の語からの規定を要しないのに反して、もう一方の語（無、多、他）

115

はそれ自体においては成立せず、つねに絶対者としての前者からの規定を通じてのみ意味を与えられる。したがって、ここにみられるのは通常の「反対語」におけるような相対的な相互交換性ではなくて、絶対的な一方的従属性である（同：146）。

ここで重要なのは、この「絶対的な一方的従属性」(9)の関係が、「正常-異常」の関係にも認められることである。つまり、「異常」は「正常」からの一方的な規定（従属）関係のなかでのみ、その成立を許可されているということである。木村はこの絶対的な一方的従属性の関係における、「正常（合理）」による「異常（非合理）」の否定（＝非）のことを、「排除」と表現する（第一の問いに対する回答）。

第二の問いにかんして、木村は「正常-異常」から「自-他」「有-無」「生-死」にいたる、絶対的な一方的従属性の関係を下敷きにしつつ、次のことを主張する。

これらすべてに共通していえることは、前の項が生命的原理の側にあり、後の項はそれの否定の側にあるということである。これらの対概念の間にみられる奇妙な一方通行的関係は、けっして形式論理的に説明のつくことではない。それは私たちが生きているということ、私たちの生がそれ自身の存続を求めているということ、このいかんともしがたい生への意志の中に深く根拠づけられている（同：157-158）。

よって、木村の見解にしたがえば、「正常者」が「異常者」の「排除を正当化する根拠は、『正常者』が暗黙のうちに前提している生への意志にほかならない」（同：157）。けれども裏をかえせば、絶対的な一方的従属性の関係における「生命的原理」は、その存立のために否定（排除）される、この否定に先行する〈否定〉を前提としているということでもある。木村はここで生命論的見地から、次のことを強調する。

第5章　木村敏の自己論と自明性の問題

　この論理は私たちの生存への意志の論理ではあっても、生命そのものの実相をあらわした論理ではないことに注意しておかなくてはならない。……生命それ自体はかぎりなく非合理のもの、合理と非合理との（それ自体合理的にのみ考えうるような）区別を根本的に超越したものである。ただ、それが個々の生物体の生存性として具体的・個別的な姿をとって顕現してきた場合、これを人間の頭脳が合理性の基礎として捕捉するにすぎない。個別的な生存の事実と生命一般の実相とは、あきらかにまったくことなった次元の上にある（同：161）。

　このように木村は、「合理‐非合理」関係を超越した「生命一般」を、「かぎりなく非合理のもの」、私たちの生への意志にとっての〈否定〉の意味に解している。逆にこの生への意志は、〈否定〉としての生命一般の否定をつうじて生起することになる。それゆえ、生への意志としての「自己はつねに自己ならざるものを、自己にとっての否定的契機を自己存在の根拠としている」（木村［1981］2006：272）ことになる。

　以上からわかることは、生命的原理としての生への意志が、第2章で論じた和辻倫理学における〈二重否定の論理〉を体現していることである。ただし、和辻哲郎のそれと木村の論理が異なるのは、木村の場合、個（生への意志）の否定としての全（生命一般）の否定による、〈個の成立〉が問われていることである。和辻においては逆に、全の否定としての個の否定による、個の全への還帰運動＝〈全の成立〉が説かれるからである。

　それでは、木村自己論において、和辻の重視する全体性や共同性についてはどのように理解されるのだろうか。私見では、それは「自己が自己である（1=1）」の原則の、自他間の共有によって把握されることになる。木村はこの点に関連することを、次のように述べている。

　　共同体の中で自己の生存欲求を制約し、他人の生存欲求から来る自己のそれへの制約を是認するという態度は、自己が他人のひとりひとりにつ

117

いて、自己が有しているのと同一の力価を認め、自己がそれであるのと同一の存在を認めるということによってのみ可能となる。つまり他人のひとりひとりを自己がそれであると同じ一つの単位とみなすこと、逆にいえば自己自身をも他人のひとりひとりがそれであるのと同じ一つの単位とみなすことによってのみ、共同生存は成立しうる（木村 1973：162-163）。

このように、木村自己論において自他の共有する「同じ一つの単位」、すなわち「自己が自己である」という制約は、自明性の基礎であると同時に、自他の「共同生存」という、社会秩序の成立にかかわる原則としても理解されている。なお木村によれば、この共同生存を可能にするのが、「私たちの社会生活や対人関係を円滑なものとしている相互信頼、相互理解」であり、それらは「常識的日常性によって構成された社会生活の基本ルール」である。それと同時に、「各個人がみずからの自己を『一』として規定するのも、この要請にしたがってのことにほかならない」[(10)]（同：174）。そしてこの点が、木村における二重否定の論理が個の成立にかかわるゆえんとなっている。

第4節 「主体の二重化」としてのメタノエシス的原理

こうした木村の自己論に対して、精神病理学者の内海健は、「木村の思考は生命論的趣向を強める。そこでは個と、その淵源である全体性の間に循環構造が形成される」と同時に、「個に対する全体性の優位が明白に説かれる」と指摘する[(11)]（内海 2003：32-33）。たしかに、木村自己論にみられる二重否定の論理は、和辻のそれとベクトルが異なるとはいえ、個々の生命と生命一般の関係のように、個を包摂する全体性の次元が強調されているようにもみえる。

他方で、個と全体性のあいだの「循環構造」は、実際には、第1章で考察したA・ギデンズの「構造の二重性」のような、個と全体性の動的構造を

第5章　木村敏の自己論と自明性の問題

問題としている。木村においてそれが顕著となる著作が、1988年刊行の『あいだ』である。この著作で木村は、ドイツの神経生理学者 V・ヴァイツゼカーの「主体」概念に示唆をうけ、「生命の根拠との関わりとしての主体」と「世界との関わりとしての主体」の「あいだ」の観点から、自己存在を理解している（木村［1988］2005）。木村は2つの主体の関係を考察するにあたり、「合奏音楽」という具体例をもちだし、次のように述べている。

> 主体は刻々に自分の演奏行為によって音楽を産出し、その表象を自分の意識へ送り込んでいる。しかし一方、主体はつねにこの既に産出された音楽を参照しなければ、そのつどの演奏行為を方向づけることができない。いったん作り出された音楽はそれ自身の自律性を獲得し、主体に向かって次に行うべき演奏行為を「指示」する（同：58）。

木村はさらに現象学的観点から、主体による音楽の産出行為を音楽の「ノエシス的」な面とし、また、産出される音楽を「ノエマ的」な面として把握する。一方の「ノエシス的な面というのは、一瞬一瞬の現在において直接的な生命活動の一環としての音楽を産出している働きそのものの面」を意味する。そして他方の「ノエマ的な面というのは、そこで産出される音楽にそれ以前およびそれ以後の音楽との関係をもたせ、それによって全体的なまとまりを構成するためにぜひとも必要な『意識されている音楽』の面である」（同：31-32）。

ところで、木村は先の引用文において、主体の演奏行為によって産出されたノエマ的な音楽が「それ自身の自律性を獲得し、主体に向かって次に行うべき演奏行為を『指示』する」と説明している。木村はこの事態を、「いわば『ノエシス化』した第二の主体［＝産出された音楽］が、ノエシス的な作用をいとなんでいる」という意味で、「『主体の二重化』」と表現し（同：60）、さらに次のように述べている。

すでに実現された音楽は決して単なるノエマ的客体として主体を限定するのではなく、実は演奏者の意識の中で「第二の主体」としてノエシス性を獲得し、ノエシスのノエシスという意味で「メタノエシス的原理」として働いている。だからこのメタノエシス的原理は、実際には個々のノエシス的行為が意識のノエマ面に音楽の表象を送り込むことによって、いわば「事後的」に成立するものなのに、そのつどの主体の意識の中では個々のノエシス的行為よりもつねにいくらか「先立って」いる（同：82）。

こうした「メタノエシス的原理」の発想に近いのは、前に言及した「オートポイエーシス」概念である。現に木村は、ノエシスから産出されたメタノエシスがノエシスを「指示」するというのは、西田幾多郎にならって、「『自己が自己において自己を作る』ような趣を持った自己産出、自己制御の意味」（同：107）なのだと述べている。木村は1990年代以降になると、このノエシスとメタノエシスの関係を「個別的主体性／集団的主体性」(12)という、より生物学的な概念のなかで捉えなおすようになる。まず、自己の個別的主体性について、木村は次のように述べている。

　「自己」とはselbstがそうであるように……、この世に生を受けて以来、現在に至るまでの歴史を担い、その限りにおいて私以外の誰一人とも共通点をもたない個別者を指している。そのような個別者として、自己はこれから先の未来を、他の誰の未来でもない自分自身の未来として引き受けなくてはならない。引き受けるだけでなく、自分自身の主体的な意志と行動によって未来を創り出して行かなくてはならない。自己は他者と交換不可能な歴史と未来を生きるものであるかぎり、個別的主体である（木村1996：107）。

他方で木村は、「渡り鳥や魚の群れ、あるいはミツバチやアリの集団と同

第5章　木村敏の自己論と自明性の問題

じように、我々の自己の主体的な意識や行動にも集団への帰属性が色濃く反映している」といい、それを「集団的主体性」(13)と表現する。ただし、この集団的主体性の意識そのものは各人に「等質のもの」であり、そのかぎりで、各人は「全体の一部」(もしくは集団の一員)として、相互に「交換可能な」存在である(同：107-108)。

だがここで木村は、諸個人の形成する集団が個々の人間を先導するという、個人と集団の〈相関的〉な二重性を主張しているわけではない。木村が強調するのは、あくまで個々の生命と生命一般の二重性であるが、後者の生命一般は、「個々の生きものやその『生命』のなかに『含まれ』ながら、しかもそれらを超えている」(木村［1988］2005：11)ものとして理解されるからである。

要するに、個々の生命と生命一般の関係、または、個別的主体性と集団的主体性の関係は、関係の前項の側にたてば二重否定の論理がなりたつが、後項は前項を包摂するものとして理解される。この点で、両者の関係は単純な相関関係にあるのではないということである。そしてそれは「自ら(みずから/おのずから)」という日本語の、木村による以下の説明からも確認されることである。

> 日本語では「自己」のことを「みづから」という。「みづから」の「み」は身体のことであり、これ以外にも「身ども」とか「わが身」とかのかたちで自分自身を指して用いられる。「づ」は「つ」の訛ったもので、「天つ神」「国つ神」などと同じように、それが存在する場所を表している。「から」は、現在の用法でもそうであるとおり、動作の起点を表す助詞であるが、これは元来、「家柄」「人柄」の「柄」のように、それ自体のあり方を意味したのだという。したがって「みづから」とは、自分自身の身体の場所を起点として、なにかの動きが始まっているありさまを言語化したものと考えることができる。／この「なにかの動き」が何であるかは、これとよく似たもう一つの言葉「おのづから」と比べてみると分かりやすい。「おのづから」の「おの」は「おのれ」の「おの」

121

であって、自分自身を指している。しかしこの「自分自身」は、「みづから」の場合と違って身体的起点を有していない。つまりそれは、「わが身」の一人称性をもたない、いわば非人称の「それ自身」というべきである。だから「おのづから」は、なにかがそれ自身を起点として生起する、自然発生的すなわち自発的な……非人称の動き……それ自身についていわれることになる。そして同じこの動きが、個々人の身体的な存在の場所に限局されて見られると、それが「みづから」といわれることになる。だから「みづから」は、「おのづから」が個人の身体的存在を契機にして限定されたありかただといってよい（木村 2008b：32-33）。

　以上の説明からわかるのは、「みずから／おのずから」は「相互に否定し合い止揚し合うものであるよりはむしろ、不可分に絡み合って、その交錯点に自己の自発性を生じさせるような、自己性の二つの構成契機」（木村 1996：112）だということである。このように木村は、「みづから／おのづから」としての自己存在を、その「等根源性（Gleichursprünglichkeit）、個別的主体性と集団的主体性の共属性（Zusammengehörigkeit）、あるいは不可分性（Untrennbarkeit）」（同：113-114）の観点から把握しているのである。
　木村によればこの点が、現象学的精神病理学の分野において木村と多くの見解をともにする、ドイツの精神病理学者W・ブランケンブルクとの、ほとんど唯一の相違点であるという（木村 2005a：217）。木村は次のように述べている。

　　ブランケンブルクは、自然な「自明性」Selbstverständlichkeit と自己の「自立」Selbständigkeit との関係、いいかえれば「おのずから」von selbst と「みずから」selbst との関係を、弁証法的な相互止揚の関係として理解した。彼の考えでは、自己を立てれば自然さが損なわれ、自然さに埋没すれば自己は確立できない、ということになる。これに対してわたしの考えでは、「おのずから」も「みずから」も、ともに両者より

も根源的な、非人称的な生命的自発性に根ざしていて、この自発性が「あるがまま」に経験されると「おのずから」の自然さとなり、それを「わが身」に引きつけて経験すると「みずから」の自己となる（同：268）。

　要約すれば、自己の主体性を示す「みずから」と、世界の自明性を支える「おのずから」は、「非人称的な生命的自発性」の自覚（経験）をとおして、「共軛的（conjugate）」（＝共属的）に「顕在化（actualize）」するということである（同：268-269）。ただし、この非人称的な生命的自発性の自覚は、単なる一人称的な事態をさすのではない。木村によれば、「健常者」における「自己主体の一人称的な自覚は、他者との間主観的世界の、同じく一人称的な（『われわれ』としての）自覚を等根源的に伴っている」（同：269）。

　つまり、〈われ〉という一人称の自覚は「相互一人称」（木村 2014：287）的に、他者の〈われ〉という一人称の自覚をともなっており、それゆえ〈われ〉の自覚とは〈われ-われ〉の自覚のことでもある。しかもこの相互一人称的〈われ〉の自覚は、自己（われ）と他者（われ）の「水平的」な「あいだ」が、実際には、自己（われ）と自己（われわれ）との「垂直的」な「あいだ」であることを示しているのである(14)。

第5節　木村自己論に対する若干の補足

・木村の生命論的自己論に対する批判

　これまで考察してきた木村の自己論にも、一定の批判的見方が存在する。たとえばそれは、木村の「あいだ」概念における、自他の「『通底性』」（木村 2012：23）＝ヴァーチュアルな自己の次元の理解についてである。というのも、通底性をつうじた他者理解の可能性は、あくまで精神科医と患者の関係において試みられるものであり、それを一般的な自己論として展開できる根拠がないからである。

　この点を批判するのが、第1節で言及した精神病理学者の松尾正である。

松尾は「他者における内的現象がそのまま私の内的現象へと翻って自覚的に把握されうる」という、木村の自覚的現象学が前提とする自他の通底性を、「神秘主義的主張」としてしりぞける（松尾 1992：66）。松尾はその理由について、次のように述べている。

> ［木村の考える通底性は］普段は匿名的な接触性、匿名的な超越論的媒体機能なのであり、認識手段としては利用されず、ただわれわれはそれを匿名的に生きるだけなのである。ただ分裂病者との間でのみ、それが障害態という特別な形で意識に浮上せざるをえなくなるのである。現象学的精神病理学者は、この接触性のもつ「障害態としてのみ非匿名的である」という点を看過し、その接触性を他者知覚の一般的手段として提示してしまったのである（同：69）。

したがって、「匿名的な接触性」としての自他の通底性は、「障害態」としての統合失調症者とのあいだにのみ適用可能な概念であり、これを一般的な自己論として展開することは困難である。論点は、木村がこの匿名的な接触性の自覚的顕在化として自己存在を把握していること、あるいは、自己のヴァーチュアリティとアクチュアリティを〈連続的〉に捉えていることにある（木村ほか 2004：172-177）。この点にかんして、哲学者の斎藤慶典は次のように述べている。

> 「現象するもの（ノエマ）」をそのようなものとして現象させる「作用（ノエシス）」が、そのようなはたらきとして「ありありと」感じ取られるのは、そのはたらきが何らかの仕方で自己自身にかかわるものとして受け止められるもの、……つまり作用主体（私）の成立の相のもとで以外ではない。この意味で、アクチュアリティの問題次元とは、「現象がそれに対して現象するところのもの」の構成にかかわる問題系——すなわち、「私」の構成にかかわる問題系——にほかならない。ここで注意すべきは、

第5章　　木村敏の自己論と自明性の問題

　アクチュアリティの問題次元が以上のようなものであるかぎり、それは〈現象するものをそのようなものとして現象させる作用〉そのものを問題にする問題次元とは厳密に区別されなければならないという点である。繰り返せば、アクチュアリティの問題とは、ノエシスがある「ありありとした感じ」をもって姿を現わす……のはいかにしてかを問う問いなのである（斎藤 2001：69-70）。

　補足すれば、斎藤にとって「ノエシスそのもの」（同：70）はヴァーチュアリティをさしている。斎藤によればノエシスそのものは、アクチュアリティへと向かう「方向性（傾向）を有していながらそれ自体は決して顕在化しないもの、だがそれなくしてはいかなる顕在性もありえないであろうところのもの、この意味での『潜在性（潜勢態）』」（同：80-81）をさす。究極的には、「私」自身の「死」という「出来事（＝現象）」を、「私」自身が「ありありとした感じ」をもって経験することができないように、ノエシスそのものはあらゆる現象の生成にかかわるが、それ自体はあくまで潜在的・匿名的である（同：78-79, 81）。
　だが、こうした斎藤における、アクチュアリティとヴァーチュアリティの〈非連続的〉理解に対して、木村は「離人症」という精神病理を例に、次のように反論する。

　この点に関して興味深いのは、離人症患者が自己の喪失を訴える場合と、外界の事物の実在感の喪失を訴える場合との表現の違いである。外界の事物に関しては、たとえば「ここに机があることは頭ではわかっているが、それに生き生きした実感が伴わない」という言い方がされる。これに対して「自己」の場合には、端的に「自己が失われた、自己は存在しない」という表現がなされる（ちなみに、これは時間の流れや空間の拡がりについても同様である）。つまり外界の対象については、そのノエマは（したがってそれに向けてのノエシスは）保たれているのに、それにアクチュアリティ

が伴わないといわれるのに対して、「自己」(および時間、空間)については、そもそもそのノエマが(したがってノエシスも)成立しないのだといわれる。ということは、「自己」(および時間、空間)は、ノエシス[そのもの]が(そしてそのノエマが)アクチュアルに感じとられるときにかぎって、現象し、存在することのできるものだということだろう(木村2005a：256-257)。

くわえて、木村にとって斎藤のいうノエシスそのものは、「何らかの現象がそれに対して現象しうるところの生命体(これはけっして人間にかぎらない)が、そのつどの環境世界(Umwelt)に向けている生命的な関与」(同：255)をさしている。つまり、生命体が〈生きている〉ということは、木村においてヴァーチュアリティの次元にかかわることであり、そのかぎりでは、ノエシスそのものは自己のアクチュアリティの成立／不成立とは無関係の次元に属している。

一方、斎藤の見解では、「『生命』にはさらにその手前に、あらゆる存在(現象)を存在(現象)へともたらすいわば『存在＝生成』(すなわち『現象すること』そのこと)とでも呼ぶべきであるような次元が開かれている」。その次元こそ、斎藤にとってヴァーチュアリティであるが、それは「生命を不可欠の媒体」としつつも、生命そのものではない(斎藤2001：81)。

こうして、ヴァーチュアリティと生命の関係の捉え方が、両者の理解の分かれ目となる。私見では、木村自己論は臨床哲学を標榜している以上、臨床の場からつむぎだされた概念群もまた、思弁的なものであってはならないことになる。つまり、木村自己論が生命一般を共有する他者との関係を問題とする以上、生命という枠組みのなかでの概念化は可能でも、生命以前の次元を抽出することは不可能だということである[15]。

・社会学的視点からみた「分裂病」という呼称の思想的意味

次に言及しておきたいのが、2002年に日本精神神経学会において決定された、「精神分裂病」から「統合失調症」への呼称変更の出来事についてで

第5章　木村敏の自己論と自明性の問題

ある。社会学者の北垣徹はこの出来事を、日本の精神科医にとっての「思想的転換」の事態として捉えかえし、「分裂病」という語のもっていた、とりわけ1960年代における思想的意味を検討している（北垣 2009）。

北垣は1960年代における分裂病の思想的意味として、後述する薬物療法の進展を背景に、患者の症状が軽症化し、患者自身の「言葉によって患者の内面における妄想を表現」（同：204）することが可能になった点をあげる。北垣の見解では、それによって「分裂病患者という特異な存在のなかに、人間存在一般に通じる普遍的なものを見出そうという姿勢」（同：205）が、木村や中井久夫など、一部の精神科医のあいだに共有されるようになったのである。

精神科医の宮本忠雄によれば、分裂病は1960年代になると、精神科医のあいだにだけでなく、社会的にも関心が高まったという（同：210-211）。宮本の証言によれば、その直接の契機となったと考えられるのが、1964年3月のいわゆる「ライシャワー事件」である。この事件は、当時の駐日アメリカ大使E・ライシャワーが、精神障害の19歳の少年（分裂病と診断され、治療歴がある）にナイフで刺され、重傷を負ったという事件である。

この事件が社会的関心の直接的契機となったという意見がある一方で、北垣は社会学的視点から、1960年代と分裂病が適合する（＝親和的な）2つの背景を考える。その一つが「都市化の進行」という現象であり、もう一つが、「薬物療法の進展」＝「向精神薬（クロルプロマジン）」の発見・普及である。前者について北垣は次のように述べている。

> 都市という空間では、さまざまな出自から来る不特定多数の人々が集まって生活するために、人々のあいだでの「見る／見られる」「窺う／窺われる」という関係が一種独特のものになる。街の人混みのなかでは、自分は不特定多数の人々の視線に晒されるわけであるが、他方で人混みに紛れ込んで他者の視線は無化し、身を隠すこともできる。このような逆説的状況のなかでは、能動性と受動性の混乱が生じる（同：212-213）。

この点については精神医学の領域においても、集団に比べて個の意識が強くなり、「能動／受動」の区別が意識されだした、近代という時代状況と分裂病の出現との相関関係を指摘する説が存在するという（木村 1994：195 以下：2008a：151 以下）。そのように考えるならば、近年の木村が、能動態でも受動態でもある「中動態」(16) に関心をよせるのも納得できることである。というのも、「能動／受動」の二元論に先行する、その二重性としての中動態は、木村の追究する「人間存在一般に通じる普遍的な」次元にかかわるものだからである。
　一方で北垣は、「端的にいって、抗精神病薬や向精神薬登場以前は、分裂病者との対話は不可能であった。それが、これらの薬のおかげで劇的な症状は治まり、患者は言葉によってみずからの内面を語るように仕向けられはじめた」（北垣 2009：217）と指摘する。裏をかえせば、「薬剤の服用の後、初めて患者と医者とが対面して、心理的な治療が始まる」ということであり、「薬を背景として、新たに心という場が浮かび上がってくる」のである（同：221）。北垣は次のように述べている。

　　重要なのはこれらの薬によって、……精神病院のあり方が大きく変わったということである。もはや患者は激しい興奮状態や陰惨な混迷状態におかれることなく、拘束や監禁もあまり必要なくなって、医者の前で自分の内面を語りはじめる。このことによって、分裂病者の世界が人々の関心を惹くようになった。分裂病は軽症化したにもかかわらず関心を惹いたのではなく、軽症化したがゆえに関心を惹くようになったのである（同：220）。

　北垣の主張の正否はここではおくとして(17)、治療目的に使用される向精神薬の発見にはもう一つ重要な意味がある。木村自身が述べていることだが、精神科医の治療が患者の自他関係のたてなおしにかかわるのであれば、それは臨床心理士やカウンセラーに委ねることも選択肢の一つである。だが、非

第5章　木村敏の自己論と自明性の問題

　医師である彼らが実際に対応するのは、主として神経症レベルの人であるという。なぜなら、向精神薬が「精神病」患者の症状の軽症化に効果があることが判明して以来、症状を発現させる脳神経系の構造に関心が高まり、精神医学が自然科学にかたむくことで、薬を処方する精神科医が必要となるからである（木村 1998：65-66）。以上をまとめて、木村は次のように述べている。

> 精神医学の扱う病的精神現象、たとえば妄想・幻覚などの判断や認識の異常、躁状態、鬱状態、不安感、焦燥感などの気分や感情の異常、奇異な表情、言語、行動などの表出面の異常などを、大脳ないし中枢神経系の器質的あるいは機能的な病変の結果として因果論的に「説明」しようとする試みは、向精神薬の発見とその薬理作用についてのその後の研究を通じて、原理的には可能の域に近づいているといってよい。そのような「科学的」説明にとっては、すべての精神現象は患者個人の内部における物質的な過程に帰着する。患者をとりまく人間関係についての社会学的な考察などは、まったくその視野に入ってこない（同：66-67）。

　以上を整理すれば、精神医学においては、向精神薬の登場によって2つの段階が生じることになる。一つは、患者（ここでは統合失調症を念頭におく）との対話の可能性の段階であり、これは「精神病」の「社会学的」理解に道を開くものとして理解される。もう一つは、「精神病」の自然科学的解明であり、この段階にいたると、重要なのは患者の（妄想や幻覚などの）諸症状を軽減することであって、もはや患者の〈ありかた〉や〈生きかた〉への関心は二次的なものとなる[18]。

　それでは、精神医学という領域において、精神疾患の社会学的視点と自然科学的視点を結びつける要素はないのか。最後に、この点にかんする木村の次の主張を、木村自己論の結語として引用しておきたい。

> 医者の側で暗黙のうちに患者の症状を脳の障害に還元しようとする気持

ちがはたらいているにせよ、……さまざまな哲学概念の在庫をひっぱり出して患者の状態を知的に脚色しようとするにせよ、それは患者の知ったことではない。患者が診察室の現場で医者に対して実際に求めているのは、もっと元気に暮らしたい、もっと安全な毎日を送りたい、要するに「もっと生きやすくしてほしい」ということなのである。……こころの病気をどう理解するかとは関係なく、いずれにせよそれが「生きること」の病であることさえ見逃さなければ、精神医学の各研究領域のあいだの溝も埋めることができるはずなのだ（木村［1992］2005：65-66）。

【注】

(1) この点に関係することを、精神病理学者の松尾正が次のように述べている。「『他者の現象学』でしかありえない現象学的精神病理学は、病者にとっての他者を空想的に構築する非学問ではなく、他者としていま、ここにおいて、われわれ自身の意識に与えられるその病者の現出をそのまま取り扱う学問であり、それ故にその学問ははじめから治療状況論なのである。何故ならば、いま、ここにおいて出会われる病者との関係は、共に生きようとする治療関係以外の何ものでもないからである。しかしそれは、はじめから共に生きうることを前提とした対話的、または人間学的な状況であってはならないのである」（松尾 1992：79）。

(2) 木村はまた、アクチュアルな一人称の自己とヴァーチュアルな非人称の自己の関係を「垂直のあいだ」と表現し、アクチュアルな一人称の自己とアクチュアルな一人称の他者の関係を「水平の他者」と表現している（木村 2012：5-19；木村・野家 2015：58-59）。

(3) 自他未分の事態や自他の通底構造という考え方は、西田幾多郎の「純粋経験」や「絶対の他」といった概念に由来する。哲学者の中村雄二郎はこの点について、木村が統合失調症という病態から、西田哲学を捉えなおしている点を評価する（中村［1983］2001）。というのもそれは、「秘教的な理解に委ねられがちな西田の思索に一つの開かれた通路をつけたものとして大きな意味を持っている」（同：94）からである。このように、統合失調症と西田哲学を結びつけて考えた点は、木村の独自性の一つとして数えることができる。

(4) 木村によれば、「被影響体験は別名『作為体験』、『させられ体験』などとも

第5章　木村敏の自己論と自明性の問題

呼ばれ、自分の意志や感情や思考が自分自身の主体性を離れて、他者の意志によってあやつられるという体験である。他者の意志は、テレパシーや声で伝わってくる。しかしそれは厳密にいうと、どこか外部から意志のようなものが伝達されて、次に患者がそれに従って動くというよりは、患者の内面そのものが最初から他者性をおび、患者の意志や感情や思考がそのまま他者の心の動きとして体験されるのだと言うべきである。例えばある患者は、紙の上に字を書いて見せながら、『こうやって字を書いているのはぼくではなくて、T先生、M先生なのです。この人たちがぼくの手を使って書いているのです』という」（木村1982：68-69）。

(5) 木村のいうように、「常識（common sense）」という言葉は、もとをたどれば、アリストテレスの「共通感覚（sensus communis）」に由来する（木村1973：40以下）。木村において、この共通感覚に由来する常識は、日常生活における対人関係において、「人びとの相互了解の場における実践的感覚がある種の規範化をこうむったもの」（同：48）と解されている。

(6) ただし、木村自身は次のように言明している。「私の精神病理学／臨床哲学は、自己論、時間論から始まって最近の最終段階で生命論に『転回』したと見られているけれども、実はごく初期から独自の生命論、しかも死生論の萌芽を含んでいた」（木村［1973］2012：32）。

(7) 木村によれば、前述の「被影響体験」のように、「自然な自明性が喪失している『人と人との間』においては、本来私が成立すべきところに汝が成立し、汝が成立すべきところに私が成立するという、事態が生じる。『私』における主体性が汝によって簒奪され、『汝』という他者性の領域に忽然と私が出現することになる」（木村［1975］2012：275）。

(8) 木村（1973：120-121）によれば、この「一は一のみと等しい」の定理は、J・フィヒテの『全知識学の基礎』（1794年）における、「人間のいっさいの知識の基礎にある絶対的に第一の、端的に無制約の基本命題」としての「AはAである」に由来する。

(9) 木村（2005b）によれば、絶対的な一方的従属性の関係における、「自＞他」（自己が他者に優先する）の「順対応」とは逆に、統合失調症の被影響体験などにおいては、「他＞自」の「逆対応」がみられるという。しかしながら木村の見解では、自他の順対応は、個別的自己意識の発達した人間の「『健全な錯覚』」（同：12）にすぎず、自他の逆対応は「健常者」においても認められるものである。木村のこの見解の背景には、次節で言及する「集団的主体性」の発想

があり、それは人間を含む「生命一般」に適用されるものである。たとえば、アリやハチなどの昆虫にみられる「分業」は、「集団全体の生命的調節機構に完全に従属している」(同：17)のであり、ここに「集団＞個別」の逆対応をみてとることができる。

(10) この点は、政治哲学者I・バーリンが定式化した、平等の最小原理「各人は一人として数えられ、何人も一人以上には数えられない」(Berlin [1956] 1999＝1983) を想起させる。なお、バーリンによれば、「すべての成員が同じ量の財産を有している社会では、特にそれを正当化する必要はない。財産が不平等な社会だけが、正当化を必要としている」(ibid.：306)。その意味では、「1＝1」という〈同一性〉の原則の裏面には、自他の〈差異〉の要素が含まれているといえる。

(11) 内海 (2003：35-38) によれば、木村の「たぐいまれな包摂力をもつ思考」は、「『この私は分裂病でもありうる』地点まで踏み込むのであり、狂気を包含し、正気の底に狂気を見いだそうとする」。しかしそのために、「木村があえて分裂病の病理の在処を取り出そうとするとき、それは不全や衰弱といった欠如態として語り出されざるをえない」という。それをふまえて、統合失調症という「病理をその固有性において語る」必要性を内海は説いている。

(12) 木村が2つの主体性を論じるさいに参照するのが、今西錦司の「主体性」理解である。今西は次のように述べている。「生物の個体というものは一つの複雑な有機的統合体である。全体は部分なくしては成立せず、部分はまた全体なくしては成立しないような全体と部分との関係を持ちつつ生成発展してゆくところに、生きた生物があり、生物の生長が認められる。このような全体と部分との、いわば自己同一的な構造を持つものであるゆえに、生物個体の全体性はつねにその主体性となって表現せられるのである。……ところでこのような個体をその構成要素とする種社会というものは、個体に対する一つの基体とも考えられるが、もともと個体がさきにあったのでも種がさきにあったのでもない。すると個体と種との関係もやはり部分と全体との関係として、それは自己同一的な構造を示すものといえるであろう。したがって種の全体性にはやはり種の主体性といったようなものが考えられてもよいと思う。種もまたみずからをつくり行くものでなければならないのである」(今西 2002：137-138)。

(13) たとえば、通勤・通学時をともにする、さまざまな見ず知らずの人々が、一人ひとりの歩行速度や間隔はちがっても、集団の歩行リズムは全体として

第5章　木村敏の自己論と自明性の問題

統一されているという、エントレインメントの感覚をうけることがある。そうした集団的主体性と、それに支えられた個別的主体性の観点から、木村は自己存在の二重性を把握しているといえる。

(14) 木村は以上の着想をヴァイツゼカーの「主体性」概念から得ている。たとえば木村は次のように述べている。「われわれは、ここでヴァイツゼカーが、生命体とその環境との『あいだ』にいわば『水平』あるいは『横』の出会い（対峙）を可能ならしめる原理として『主体』の概念を設定した上で、この主体が主体でありうるためのいわばさらに高次の条件として、生命体が——それ自体は対象的あるいは客観的に認識することのできない——『生命の根拠』に、いわば『垂直』あるいは『縦』の方向で根ざしているという意味での『根拠関係』をあげていることに、無関心ではいられない。生命体がその個体的生存の基盤である『生命の根拠』とのあいだに維持している垂直の根拠関係（＝『主体性』）が、その生命体と環境とのあいだの水平の出会いを可能にし、ひいてはその生命体を『主体』として環境——『世界』と言ってもよい——と対峙させているということなのである」（木村 2012：11）。

(15) 宗教哲学者の杉村靖彦は木村との対談において、木村の思索にとりこまれた西田哲学の「自覚」などの概念が、「西田哲学独特の方法態度を表すもの」であると指摘する。一方で、そうした術語の導入による、哲学の「態度変更を通して見出された原理的概念」である、西田の「絶対無」概念などへの木村の言及が少ないことも、杉村は同時に指摘している（木村・杉村 2009：11）。これをうけて木村は、「一応、自分の居場所、真剣勝負の場所を精神医学という実践の学の中に見出そうとする以上、やっぱり絶対無というようなのは持ち込めないというかなあ」（同：12）と、感想を述べている。

(16) 中動態については、木村による「生まれる」という日本語の説明が参考となる。木村は次のように述べている。「『生む』はもちろん母親が子どもを生むという能動的な行為ですが、子どもの側からすると、この行為の受動的な対象として『生まれる』、つまり『生み出される』というだけではなくて、もう少し子ども自体の主体性も加わった『生まれてくる』という意味での『生まれる』ということがいえるのではないかと思います。母親と子どもとのどちらかの一方が主体になるのではなく、二人の『あいだ』の出来事としての『生まれる』ですね。そうすればこれが中動態としての『生まれる』だということになるでしょう」（木村 2008a：166）。

こうして中動態は、自他の「あいだ」の〈非人称的〉次元にかかわることが

理解される。たとえば木村は、看護ケアの現象学者である西村ユミとの対談において、「ここからは比叡山が見える」というときの「見える」が、「私」以外の誰にでも開かれている点を、中動態の特徴として強調する（木村・西村 2013：43-44）。一方、これをうけて西村は、「その場から比叡山が見えるという事実があったとしても、見ることを促す何か、そちらに注意が促される状況があって初めて『見える』が成り立つように思うのです」（同：45）と、つけくわえている。私見では、西村のいうここでの「状況」は、木村の「あいだ」によっておきかえることができるように思われる。

(17)　分裂病の軽症化ということにかんしては、木村（2010:307 以下）参照。また、内海健（2008:4-5）によれば、2002 年に決定した「分裂病」から「統合失調症」への呼称変更の背景には、この病理の（劇的な）軽症化が関係しているという。

(18)　木村が問題視するのは、治療者の関心が、統合失調症の「表面的な症状の消長」のみに向けられることにより、症状の根底にある病態の「基礎構造」への問いが妨げられることである（木村［1992］2005：71）。この点を考慮しないのであれば、患者をとりまく人間関係の社会学的考察であっても、統合失調症の表面的な理解にとどまることになる。

第6章　対話と翻訳──二重性の論理の比較考察

　本章では、廣松渉の役割理論と木村敏の自己論に共通する、自己存在の共属的二重性の論理の特徴を考察する。なお、そのさい本章では、フランスの哲学者 J-L・ナンシーの自己論を参照する。というのも、ナンシーは自己存在を「複数にして単数の存在」として、廣松と木村同様、自他の個別性と共同性の共属関係を論じているからである。

　一方で、「本来的な自己」ということをめぐっては、廣松と木村の意見は分かれている。廣松の場合、あらゆる自他関係は「対他的な関係」によって規定されており、本来的な自己なるものは妄想にすぎないという立場をとる。他方、精神科医である木村は、統合失調症の患者と向きあうなかで、患者が強く意識する、本来的な自己と対他的な自己との〈ずれ〉に注意を向ける。この点は、両者の二重性論理の相違点を理解する糸口となりうるものである。

　さらに本章では、第3章で考察した個人と社会の相関的二重性の論理と、自己存在の共属的二重性の論理の比較考察をおこなう。この比較によって導出されるのは、相関的二重性の論理の〈対話〉的性格と、共属的二重性の論理の〈翻訳〉的性格である。このことを、前章で言及した2つの「臨床哲学」（哲学者と精神科医の立場）の相違をもとに検討する。最終的には、対話と翻訳両契機の相補的関係を明らかにし、この観点から、それまで安定的なものとして捉えてきた、自明性の〈変容〉の側面に焦点をあてる。

第1節　ナンシーの「複数にして単数の存在」としての自己

　本章のテーマである、自己存在の共属的二重性の論理を考えるうえで参考

となるのが、フランスの哲学者 J–L・ナンシーの「複数にして単数の存在 (being singular plural)」としての〈自己〉理解である (Nancy [1996] 2000 = 2005)。以下にみるように、ナンシーのこの概念は、自他関係を相関的に（あるいは相互否定的に）捉えることを批判し、これを共属的に不可分のものとして理解する。

ナンシーによれば、「複数にして単数＝特異的」とは、「各存在者の単数＝特異性が、多くのものと-共に-ある (being-with-many) ことから切り離せない」ことを言い表したものである。したがってそれは、「個人 (the individual)」や「個別 (the particular)」といった、その概念のうちに「全体性」を想定したもの（前者は一つの内在的な全体であり、後者は全体に対する部分の意味をもつ）とは、根本的に異なった性質のものである (ibid.: 80)。さらにナンシーは次のように述べている。

> ラテン語の *singuli* がすでにして複数形を表す。なぜならそれは、「一つずつ (one by one)」に属するものとしての「一つ (one)」を示すものだからである。特異なものとは第一義的に各自 (each one) のことであり、したがってまた、あらゆる他者と共に (with)、あらゆる他者との間に (among) ある、各自のことである (ibid.: 80)。

ナンシーによれば、ここでいう「共に」は、存在それ自体の「空間-時間の分有のことであり、存在それ自体がそれ自体において分割されたものとして、同じ-時に同じ-場所にある」[(1)] ことを示している。しかしこの「共に」は、「諸存在者の特異性という、無限の複数性の間隔化 (spacing) を条件としてのみ、同じ-時に同じ-場所にある」ことを含意する。そのため、「存在は存在と共にある」というとき、それは「その近接性において、隔たりと異質性が明かされるというパラドクス」を内包する (ibid.: 84-85)。

ナンシーが示唆しているのは、一般に他者の「他者性」ということで問題となるのは、他者が自己とは「本質的に異質である」ということよりも、む

第6章　対話と翻訳

しろ他者が「二つのうちの一つ (alter)」を意味するということである。またこの意味での〈他者〉とは、存在の「分有＝分割 (partage/sharing)」において、「多くのものが多くのものであるかぎり、そのあいだの『一つ』」として、つまりは「各自」をさしている (ibid.: 42-43)。

それゆえナンシーにおいては、自己の成立にとって他者の他者性(もしくは媒介性)は問題とはならない。むしろ強調されるのは、存在の分有＝分割としての「共に」が、各自の自己を構造化することである。そしてこの場合の〈自己〉とは、「『私』や『あなた』に先行する、一つの『われわれ』のようなもの」であり、それは「集合的主体や『間主観性』でもなく、存在『(それ)自体』の無媒介的な媒介」をさしている (ibid.: 185-186)。

このようにナンシーの自己論においては、「共に」(＝われわれ)としての自己が、同時に、各自性(＝われ)をおびてあらわれるという、自他の個別性と共同性の共属的な二重性が説かれることになる。しかしながら、「われわれ」としての自己が〈他ならぬ自己〉であるためには、他者と〈対峙〉する契機が必要なのではないか。この点にかんしては、木村敏が次のように述べている。

> 自己が個別の「このわたし」でありうるためには、自己は「このわたし」ではない数々の人間との「対人関係」の場に立たなくてはならない。わたしが多くの他者たちの間で、自分自身を彼らとは別の一個の個人として意識し、自分以外の人を「わたしではない人」としてこの自己意識から除外することができるかぎりでのみ、「個別の自己」といえるものが成立する。他者と出会ってわたしが個別の自己となるこの過程を、「自己の個別化」と呼んでもいいが、自己の個別化にとって他者との出会いは必須条件なのである (木村 1998: 54)。

こうして「われわれ」としての自己と「個別の自己」とのあいだには、ナンシーに反して、他者の他者性が媒介することになる。木村からすれば、ナ

ンシーのいうように、複数的存在が同時に単数的存在であるためには、あるいは「共に」が「特異なもの」としてあらわれるためには、自己と他者の弁証法的な「出会い」が必要となるのである。木村自己論において、そうした他者の他者性が重視される背景には、患者の〈ありかた〉や〈生きかた〉に向きあう、木村の医者としての姿勢がひかえているように思われる。この点にかんして木村は、次のように述べている。

> 他人の他者性をめぐる問題系において、精神医学はほとんど特権的といってもよい特異な場に立っている。精神科の診療場面は……治療者と患者のあいだの近さと遠さの緊張関係によって、完全に支配されている。一方で最大限の接近を模索しながら、他方で患者との距離を維持しようとする治療的態度、一方で相互の信頼が十分にできていると感じながら、他方でどうしても相手の心中がわからないもどかしさ、フロイトの転移・逆転移現象に現れる好意と反感の扱いにくさ、そういったさまざまな自他関係の織りなす綾が、精神医療の基本的な図柄を形成している（木村2005a：71）。

木村によれば、こうした精神医療にみいだされる他者性の問題は、「自他の『あいだ』の共有（近さ）と互いの世界の異他性（遠さ）という、相互に独立した二つの変数間の弁証法的関係を問うことに帰着する」。ここでいう「近さ」＝「自他の『あいだ』の共有」とは、「われわれ」によって言い表される、複数一人称的な「私的間主観性」をさすとともに、生きとし生けるものに通底する「生命的連帯感」を表現している。また、「遠さ」＝「互いの世界の異他性」には、「近さを基盤にしてはじめて成立するような遠さ」の意味が含まれている[2]（同：71, 80）。このことはナンシーが、「共に」の「近接性において、隔たりと異質性が明かされるというパラドクス」によって指摘していたことでもある。

この「近さ」を基盤とした「遠さ」の考え方は、他者との出会い（対峙）

第6章　対話と翻訳

が主客二元論的な意味での対立ではないことを意味している。なぜならそれは、前章でふれたヴァーチュアルな自己とアクチュアルな自己との「垂直のあいだ」（＝根拠関係）が、自他の「水平のあいだ」（＝出会い）を可能にするという見方を反映したものだからである（第5章注14参照）。

　この点で、木村の共属的二重性の論理は、廣松のそれとは厳密には異なっている。それが示されているのが、木村と廣松、フランス文学者の中川久定との鼎談における、木村と廣松の「本来的な自己」をめぐる理解の相違である（廣松ほか［1983］1990）。

　まず、役割理論に立脚する廣松は、役割行動において当事者に意識される、「役割的な自己」と「本来的な自己」との二重性を一応認めるものの、どちらもあくまで「対他的な関係」に規定される点では同一であると考える（同：220）。換言すれば、廣松にとって本来的な自己（＝自己にとっての自己）とは、他者の主体的自己に対する自己の主体的自己の意味であり、この関係のなかにすでに、自己に対する他者、他者に対する自己という役割関係がみいだされるのである。

　廣松によれば、そのつどの自他関係における役割への没入は、基本的に二者のあいだでなされるものであり、そのさい自己にとっての自己はことさら意識されることはない。自己が強く意識されるのは、「第三者」（＝人目、観客）の要素が介入するときであり、このときはじめて、当事他者との対他関係と、第三者との対他関係の「統合」が問われることになる（同：226-227, 235）。廣松の見解では、この統合がうまくいかないのが統合失調症という病態であり、逆にこの統合の円滑な成立が、日常生活の自明性の成立と密接にかかわっている。

　一方、木村が統合失調症の患者と接しながら理解するのは、患者には「本来の自己をめぐっての問題意識が非常に強い」（同：221）ということである。木村の解釈では、廣松の仮定する2つの対他関係における自己のありかたは、個々の身体的な次元としての「他人にとっての自分」と、自分の身体から離れた、「遍在的」な次元としての「自分にとっての自分」のことをさす。そ

してこの両次元の「『ずれ』」を痛切に感じることが、統合失調症の患者に起こりうることを、木村は「対鏡症状」[3]という、鏡を前にして、自己の身体（の帰属）に対する違和感、異物感をいだく症状を例に指摘する（同：239-240）。

しかしながら、廣松において自分にとっての自分とは、共同主観的な役割期待にもとづく自己の役割遂行が、当面の他者の期待と合致しないときに生じる、「自己に関する一種の妄想」にすぎない。廣松からすれば、「『自分にとっての自分』が『ひと』das Man という形で、複数の他者一般と同形化する」ことが普通なのであり、すべては他人にとっての自分として理解されるのである（同：243-244）。

以上を整理すれば、廣松は第4章で考察したように、自己の「人称的（personal）」次元における役割行動が、自己の「非人称的（impersonal）」次元の自明性に収斂していく過程を、マルクスの「物象化」にそくして描いているといえる。一方、木村においては、自己の非人称的＝遍在的次元と、自己の人称的＝個別的次元との「あいだ」自体が自明性の成立にかかわっており、この「あいだ」を解消することは不可能である。現実的に、この「あいだ」の次元に問題をかかえているのが統合失調症という事態だからである。

要約すれば、廣松と木村の議論の共通点は、自己存在と自明性の成立を共属的に理解することにある。一方、自明性を廣松のように「物象化」として理解するか、木村のように「あいだ」として理解するかの分岐点は、自明性の理解にさいして、「オートポイエーシス」の要素を考慮するか否かにある。廣松において、自他の共同主観的な同調化によって維持される自明性は、木村においては、そのつどの他者の他者性との対峙にその存立が左右されるが、この対峙は「あいだ」自体の差異化によるものだからである。

第2節　対話と翻訳

以上のような自己存在の共属的二重性の論理を、個人と社会の相関的二重性の論理との比較のなかで把握するならば、前者の〈翻訳〉的性格と後者の

第6章　対話と翻訳

〈対話〉的性格のちがいがさしあたり明らかになる。まず前者は、廣松の「共同主観性」、木村の「あいだ」、そしてナンシーの「複数にして単数の存在」に象徴されるように、自他の共同性が個別性としてあらわれるという発想をとる。同時に、ここには翻訳の論理に近似する側面がみられる。この点にかんして参考となるのが、フランスの哲学者 P・リクールの翻訳論である。リクールは次のように述べている。

> 文化の多様性の根源的側面である言語の多様性についての省察は、言語というものが普遍的なかたちではどこにも存在せず、細分化された言語世界でのみ存在するという、この大規模な現象によって提起される［他者理解の］問題の解決方法について、興味深い分析へと導いてくれる。たとえスーパー言語なるものが存在しなくても、私たちにまったく打つ手がないわけではない。翻訳という、ある言語のメッセージを別の言語に伝達することをみこした手段が残っている。……翻訳とともに、ある言語の話者は異国のテクストの言語世界に転移する。その見返りとして、その人は自身の言語空間に別の人の言葉を歓迎する。こうした言語的歓待の現象では、第三者の概観が不在となり、そのことが翻訳行為にみいだされる転移⇔歓迎の操作をもたらすことで、あらゆる事例の了解モデルとなることができる（Ricoeur [2001] 2007 = 2013 : 291）。

翻訳における、こうした「転移⇔歓迎」の「言語的歓待 (linguistic hospitality)」現象は、他者存在の〈承認〉に直結するものである（承認については補論で詳述）。この点で、他者との〈呼応〉関係のもとになりたつ廣松の共同主観性概念と、患者という存在の〈肯定〉のうえになりたつ木村の臨床哲学は、ともに他者存在の承認を示しているといえる[4]。

一方、ヘーゲルの弁証法およびマルクスの実践を重視する相関的二重性の論理は、日常生活の自明性を〈変革〉する可能性にかかわるものであり、そのモデルとなるのは対話の論理であるといえる。事実、「対話 (dialogue)」と

は「弁証法的 (dialectical)」なものだからである。この点に関連してふれておきたいのが、前章で言及した2つの「臨床哲学」(精神科医と哲学者)の立場のちがいである。というのは、以下にみるように、精神科医の臨床哲学が翻訳的態度を志向するのに対し、哲学者の臨床哲学は対話的態度を志向するからである。たとえば、哲学者の浜渦辰二は次のように述べている。

> 対等な立場にない「医師と病者のあいだ」には、厳密な意味で対話は成立していないということになろう。木村の「臨床哲学の知」は、「医師と病者のあいだ」から生じるとはいえ、医師・木村の側でのみ生じるものであって、病者の側でも生じ、病者と共有するものとはならないであろう。しかし、もう一つの「臨床哲学」においては、対話とは、もはや専門家である医師と非専門家である病者の間に成立するようなものではなく、……対等な立場にある参加者が、それぞれの視野からの意見を述べ、相手の言葉を聴いて受け止めあいながらも、必ずしも明確な合意や結論に導かれて終わるわけではない、という場として考えられ、……私の言葉も相手の言葉もその対話のなかで引き出され……〈対話〉の精神が生かされることになろう(浜渦 2010:144)。

上の引用文を〈対話/翻訳〉の対比に援用するならば、対話とは、哲学者の臨床哲学のように、一人称の自己と二人称の他者の「水平のあいだ」にかかわる営みとみなすことができる。一方、翻訳とは、精神科医の臨床哲学のように、複数一人称の自己(われわれ)と一人称の自己(われ)の「垂直のあいだ」にかかわる営みとみなすことができる。

とはいえ、結局のところ、翻訳と対話は相補的な関係を形成しているともいえる。なぜなら、翻訳は異質なもの、他なるものとの対話を前提としてはじめてなりたつ、あるいはその必要性が生まれるが、そもそも翻訳という他者理解の可能性がなければ、対話自体が不可能になってしまうからである。それはたとえば、飼い犬や飼い猫との対話的コミュニケーションが、飼い主

第6章　対話と翻訳

である人間の翻訳行為によってなりたつように、翻訳とは他なるものとの対話をつうじた、自己自身との対話の営みにほかならないということである。

具体的には、精神科医の臨床哲学とは、医者が患者自身の自他関係の問題点を臨床の場において自覚しながら、医者自身の「自己における自己・非自己関係として内面化してゆく」（木村・檜垣 2006：102）翻訳行為である。そしてこうした翻訳にもとづく患者理解をつうじて、はじめて患者との対話が展開されることになる。

他方、哲学者の臨床哲学については、清水哲郎の実践する「〈医療現場に臨む哲学〉」が参考となる。この哲学にかんして、清水は次のように述べている。

> 哲学する者は、現場の専門家に向かって「ああせよ、こうせよ」と指令したり、「こうあるべきだ」と教えたりしない。そうではなく、現場の専門家がしていることを精確に記述する役割を果たす。その現場に身をおき、医療の実践家たちと対話しつつ、彼らに寄り添い、語り得ることばを見出すことこそが、現場に臨んで哲学することであった（清水 2008：255）。

清水は「哲学する者」の記述活動のありかたについて、マルクス＝エンゲルスの次の言葉を引用する。すなわち、「哲学者たちは世界をさまざまに解釈してきたにすぎない。だが大切なのは、世界を変革することである」（Marx-Engels 1845-1846＝2000：151）。ただし、清水は次のことを同時につけくわえる。すなわち「現場に臨む哲学者たちは、現場に臨むというまさにその選択において、『解釈をやめて変革に取り組む』のではなく、『創り出す（＝変革する）解釈を始める』のだ、と」（清水 2008：257）。

清水のいう「創り出す（＝変革する）解釈」というのは、つまるところ、他者と「対話しつつ、彼らに寄り添い、語り得ることばを見出すこと」を意味する。対話することとは弁証法的に変革することであり、寄り添うこととは

他者の言葉を翻訳＝解釈することだからである。哲学者の臨床哲学はその意味で、対話のなかで他者を「歓迎」し、かつ、他者の場所に「転移」する翻訳行為なのである。

　こうした対話と翻訳の相補的な関係の理解を深めるうえで参考となるのが、P・ベナーとJ・ルーベルの現象学的看護理論における「トランスアクション」概念である（Benner and Wrubel 1989＝1999）。もともと、アメリカの心理学者R・ラザルスに由来するトランスアクションの概念は、心理的ストレスに対する人間の「認知的評価」が、人間と環境の「相互関係の産物」であることを表現したものである（Lazarus and Folkman 1984＝1991：292-293, 381）。

　だが、トランスアクションは単なるインタラクションをさすのではない。それは、「今までは別々のものであった個人の要因とそれを取り巻く環境の要因とが結びついて、一つの新しい関係の意味が出来あがる」（ibid.：292）ところに特徴がある。ベナーらによれば、そうしたトランスアクションは医療従事者と患者の関係において、相互の「気づかい（caring）」としてあらわれる。そして自他のあいだのトランスアクションが円滑に進むとき、人は「安らぎ（well-being）」（一つの新しい関係の意味）を感じることになるという。ゆえに、安らぎとは「その人が他者や何らかの事柄を気づかうとともに、自ら人に気づかわれていると感じることから生み出される」（Benner and Wrubel 1989＝1999：177）ものである。

　この安らぎがたとえば、A・ギデンズのいう「存在論的安心」に相当するとすれば、それは日常生活の自明性を支えるものとみなすことができるが、この場合の自明性とは、自他の気づかいの二重性によってなりたつものである。哲学者の榊原哲也は、こうした気づかいの二重性によって言い表されるトランスアクションを、「相互作用」と訳されるインタラクションとの比較の意味をこめて、「相乗作用」と訳しつつ、次のように述べている。

　　看護師にとって、ある患者が気にかかり、大事に思われて、その患者に巻き込まれつつ関わる看護師のケアの営みが発動したとき、この看護師

の気遣いを患者が「気遣われている」と感じ、この気遣いに何らかの仕方で応答するとすれば、このとき患者の側にも変化が生じる。それは、看護師の気遣いを感じ、それを受け入れ、応答する患者の側の看護師への気遣いだ。そしてこの患者の側の変化を看護師が感じ、それに促されることで、看護師のさらなるケアの営みが発動する。それは、看護師と患者との、看護師の気遣いと患者の気遣いとの、まさに「相乗作用」なのである(5) (榊原 2018：195)。

したがってトランスアクションが示しているのは、インタラクションとしての自他の対話空間を「翻訳（translation）」することで生じる、自他関係の自明性の「変容（transformation）」の過程にほかならない。同時にこの変容が示しているのは、自己の心の琴線にふれる他なるものとの出会いであり、他なるもののなかに自己自身をみいだす（＝自覚する）ことである。

事実、対面する他者に親近感を覚えるとき、他者は自己自身（のありかた）の反映なのであり、逆に距離感を覚えるとき、自己は他者との反照において自己自身でありうる。それゆえ、翻訳とは単なる言葉と言葉の置換に終始するものではなく、先に述べたように、他なるものとの対話をつうじた自己自身との対話、自己自身との向きあい方として理解する必要がある。

第3節　自明性の変容にかかわる翻訳

前節で主張したように、翻訳はベナーらのいう「トランスアクション」として把握することが可能であるように思われる。本書では最後に、アメリカの哲学者J・サリスの『翻訳について』（2002年）をもとに、この点について考えてみる。サリスがこの著作において関心をよせるのが、プラトンの『クリティアス』に登場するアトランティス王国の話である。これはアテナイの政治家で詩人でもあるソロンが、エジプト訪問のさいにエジプトの神官から伝え聞いた物語である。ただし、この物語はエジプト語翻訳による文書とし

て保存されたものであったため、ソロンはこれをさらに、ギリシア語に翻訳する必要があった。

　サリスはここで次の疑問に直面する。すなわち、エジプトの文書にでてくる、「ギリシア語にとってもエジプト語にとっても疎遠な異境［＝アトランティス］の者たちの名が、すでに翻訳によって置き換えられていた」(Sallis 2002＝2013：147) ことを、ソロンがいかにして知りえたのか。この点について、『クリティアス』には次のように書かれてある。

> ソロンはこの物語を自分の詩に利用しようと思って、名の意味［デュナミス］を調べている時に、これらの名を最初に文字に書き留めたあのエジプト人たちが、それらを一度自分の国の言葉に直していることに気づいたのだ。そこで、ソロン自身は、もう一度名の一つ一つの意味［ディアノイア］に注目しながら、わが国の言葉に直して書き留めた(6)（プラトン 2015：186)。

　ソロンがこのように、アトランティス物語が翻訳されたものであることに気づきえたのは、この物語に登場する諸々の名の「デュナミス」を調査することにおいてである。サリスによれば、名のデュナミスというのは、「それが名指すものを顕在化させる潜在能力」のことであり、「諸々の名が、とりわけ文書として保存されている場合、それらは記憶の貯蔵庫となる」(Sallis 2002＝2013：151)。

　それでは、名のデュナミスの調査から、どのようにしてこの物語が翻訳されたものであることがわかるのか。サリスはこの点を次のように推察する。すなわちそれは、「エジプトの文書に記された名の力［＝デュナミス］が、ソロン自身の声(7)において語られた名の力と直接比較して、その力が相対的に弱いことにソロンが気づき、翻訳形態における名の無力を発見することをとおしてである」(ibid.：152-153)。以上を要約して、サリスは次のように主張する。

第6章　対話と翻訳

翻訳が必要とするのは、他者の声において名指されたディアノイアとまさに同一のディアノイアを名指す名を、自己自身の声において発見するだけでなく、名指すものを顕在化させる潜在能力をもつ名［のデュナミス］を、自己自身の声において発見することである (ibid.: 157)。

ところがサリスによれば、ディアノイアを顕在化させる力としての名のデュナミスは、彼のいう「翻訳の古典的確定」[8] によって隠蔽されてしまうことになる (ibid.: 160 以下)。この確定によれば、翻訳とは「ある言語における単位（語、句、文、等々）から、別の言語においてそれに一致する単位への運動であるとされ、この運動はその単位の意義や意味の循環として実行される」。それゆえ、「翻訳が原文と同一の意味を有しているならば、その翻訳は原文に忠実である」ことになる (ibid.: 162)。

最終的にサリスは、翻訳におけるデュナミスの復元のために、翻訳にさいしての「想像力」の重要性を強調する (ibid.: 229, 246)。私見では、翻訳における想像力とは、翻訳の古典的確定を〈変容〉させる力であるように思われる。たしかに、翻訳の古典的確定にそったいわゆる「逐語訳」から、言語間の意味の共通性を介した、テクスト理解の自明性を確保することはできる。ただしその代償として、行間に顕現するデュナミスを読みとる作業は二の次となってしまうことになる。翻訳における想像力の意義は、そうした逐語訳にかわり、想像力を介して原著者の心情によりそう（＝デュナミスに接近する）ことで、テクスト理解の自明性を相対化し、理解の多様化を促すことにある。ここで想像力が理解の多様性と結びつくのは、翻訳という営為が、自他に通底する非人称のデュナミスの一人称的自覚を意味するからである[9]。

第4節　自他のトランスアクティブな二重性に向けて

翻って、本章で主題的にとりあげた木村の「あいだ」概念や、廣松の（物象化以前の）「共同主観性」概念もまた、デュナミス探究の軌跡としてうけと

めることができる。なぜならこれらの概念は、自明性の源泉を、自他の通底性の次元までほりさげることによって導出されたものだからである。

　ただし、自明性の変容ということにかんしては、実践を重視する相関的二重性の論理からも導出できることである。しかしながら、相関的二重性の論理は実践の契機を強調するあまり、社会秩序が自明性となって、人々のあいだに維持されるのはなぜか、という問題に回答をだしているとはいいがたい。むしろこの論理の特徴である相関性を捨象して、心理的次元の問題（ギデンズ）、ないしは道徳的次元の問題（和辻）として、この問題を処理している印象さえうける。

　そのため筆者は、自明性と共属的になりたつ自己存在を論じる廣松と木村の議論に重点をおきながら、両者の二重性の論理における自明性の変容の側面を、翻訳という要素に着目して理解することにした。そして翻訳のなかに、相関的二重性の論理につうじる対話の要素が含まれることを指摘し、この翻訳と対話の相補的関係のなかで、自明性の構造を把握することを試みた。

　結果として筆者が着目したのが、トランスアクションという概念である。翻訳はたしかに、自己の言葉と他者の言葉の置換（＝意味の同定）をとおした、対話の安定化＝異他的なものの〈隠蔽〉に寄与する。だが、一方でそれはトランスアクションとして、対話の変容＝異他的なものの〈受容〉にも関与する。この場合、受容とは、他者の〈承認〉にかかわる契機であり、隠蔽とはそうした承認を前提とした、他者への〈配慮〉にかかわる契機と考えることができる（それゆえ、あらゆる差別的発言は公の場で憚られることになる）。

　要約すれば、日常の社会生活は他者に対する配慮のもとになりたつが、その配慮も他者からの承認があってはじめて意味をもつということである。そしてこの承認の核心にある要素こそ、自他間のトランスアクションである。私見では、こうした自他の〈トランスアクティブ〉な二重性への理解が、相関的、共属的につづく第三の二重性の論理として、自他のグローバルな相互依存が深まる現代社会において、今後ますます重要となるように思われる。

第6章　対話と翻訳

【注】

(1) 哲学者の坂部恵 (1976：20-21) によれば、日本語の「おのれ」や「手前（手前ども-てめえ）」は、我（われ）と汝（なれ）の意味をあわせもつが、それは我と汝以前の「相互性の根源的な場面があることを示唆する」という。私見では、まさにこうした言語感覚が、ナンシーの「共に」の核心にあるように思われる。

(2) 木村はこの「近さ」を基盤とした「遠さ」のことを、「『親密な未知性』」とも表現するが、統合失調症において他者が問題となる場合、それは「いわば親密さの欠如した、無気味で異様な未知性」としてあらわれるという（木村[1990] 2007：76）。この点についてはさらに、「馴れ親しみ」（N・ルーマン）の基盤である非人称の〈ひと〉が、実存的不安をかかえる一人称の〈私〉を希薄化し、「不気味なもの」としてあらわれることを指摘した、西谷修の説明（第3章注7）を参照。

(3) 対鏡症状のごとく鏡の前にたって自分を眺めてみても、主体的他者の存在なしには自己の主体性もまた成立せず、かえって自己の身体が異物感をおびてあらわれることになる。この点については、木村（2005a：74-78）参照。

(4) 木村によれば、臨床現場で患者の話を「聴く」ことは、患者のことを「わかってあげるということ」にくわえ、「自分のこととして聴く」ことを意味する。それゆえ、「聴くことができているときには、もう通底してしまっている」という（木村・村上 2010：55）。このように、他者の承認と自己の存立が結びつくところに、木村自己論の翻訳的性格がうかがえる。

(5) 榊原はつづけて次のように述べている。「とはいえ、患者は看護師を意図的にケアしようとしているわけでは（必ずしも）ない。しかし、看護師の患者へのケアを、患者が受けとめ、何らかの仕方でそれに応答することで、そうした患者の在り方そのものが、看護師のケアの営みを支えることになる。それは、回復した患者からの『ありがとう』という言葉かもしれないが、もしかしたら、歩行も発話も困難な寝たきりの患者を入浴させたときの、ポッとなった患者の赤い頬であったり、ツヤツヤになった肌であったりするかもしれない。看護師は、自らのケアに対して、このような（必ずしも意図的ではない）仕方で応答してくる患者の存在をも受けとめているのだ」（榊原 2018：197）。

(6) 引用文中に二度登場する「名の意味」と訳された言葉は、ギリシア語では「デュナミス」と「ディアノイア」に区別され、サリスはこの区別にさいして、英語の force と thought をわりあてている。『翻訳について』の訳者解説によれば、「『名のディアノイア』」とは、名の意味というよりは、むしろ名が名そ

れ自体を通じて何かを顕現させるその媒介性にほかならない。そしてこの名を通じて何かを顕現させる作用を生じさせている力が、名のデュナミスである」(Sallis 2002＝2013：304)。
(7) 先に引用した『クリティアス』の一節を、サリスは次のように英訳している。「ソロンは……名の意味を調べている時に、これらの名を最初に文字に書き留めたあのエジプト人たちが、それらを一度自分の国の言葉に直していることに気づいた (he found, on investigating the force of the names, that those Egyptians who had first written them down had translated them into their own voice)」(Sallis 2002＝2013：145)。このように、岸見一郎訳における「自分の国の言葉」の箇所を、サリスは「彼ら自身の声」と訳している。
(8) サリスは「翻訳の古典的確定」の典型例として、J・ロックの『人間知性論』(1690年) に言及している。すなわちロックによれば、「同義の二つの言葉を相互にとりかえる場合、これはおきかえる (translate) ということであり、定義するということではない」(Locke [1690] 1975＝1976：117)。
(9) 精神病理学者の内海健は、「翻訳という業は、木村敏の現象学の隠れたリソースになっている」(内海 2012：475) と指摘し、さらに次のように述べている。「翻訳は、すでに出来上がった制度としての異なる言語間の変換ではなく、それらを流動化させる力を秘めている。それは分裂病者という異言語を語る他者とわれわれがかかわることに通じる。その際、『翻訳』は『あいだ』を拓くものとなる」(同：476)。

ちなみにデュナミスというのは、木村のいう「ヴァーチュアリティ」に相当するものである。この点については、木村・坂部 (2009：26-33) を参照。

補　論　　承認をめぐる思想的変遷
——「中欧」チェコの歴史を事例に

　この補論では、個人と社会の相関的二重性と自己存在の共属的二重性を、二重性の論理の〈歴史〉志向から〈日常〉志向への思想的変遷として捉えなおし、両者の関係を考察している。ちなみに、相関的二重性が歴史志向なのは、それが諸個人の〈実践〉による社会生活の〈変革〉の可能性にかかわるからである。それに対して、共属的二重性が日常志向なのは、それが社会生活の自明性（または物象化）を前提としつつ、その自明性のなかで、何らかの〈痛み〉をかかえる人々への〈共感〉の可能性にかかわるからである。

　補論ではこの問題を検討するにあたり、「中欧」チェコの社会文化に焦点をあてている。チェコという小国は地政学的に、西の大国ドイツと東の大国ロシアの板ばさみ状況にあり、自国の自律性や実践性を奪われてきた歴史がある。1989年の「ビロード革命」によって、この状況は一定の解決の方向に向かう。だがその舞台裏では、簡単には覆せない地政学的状況を甘んじてうけいれる日常性重視の立場と、その状況に徹底して抵抗する歴史性重視の立場とのせめぎあいがあった。補論ではこの歴史的展開を、他者の〈承認〉という論点にそって検討している。

第1節　「中欧」チェコの特殊性

　本論で主題的にとりあげるチェコという国は、地政学的に西欧と東欧の中間＝「中欧」に位置づけられるが、この位置づけは、西の大国ドイツと東の大国ロシアとの板ばさみの状況におかれていることを含意している。この点について、スラヴ文学研究者の石川達夫は次のように述べている。

「中欧」という概念は、ヨーロッパ中部という地理的な意味でも用いられうるものの、多分に地政学的な概念である。すでにチェコの歴史家・政治家フランチシェク・パラツキーは、一八四八年革命の際に台頭した、オーストリアとドイツ帝国の結合を求める汎ゲルマン主義的思想に対して異を唱えた「フランクフルトへの手紙」（一八四八年）……などの中で、地政学的な意味で中欧を捉えていた。すなわち彼は、ハプスブルク帝国の枠組みを維持しながら、それを諸民族の同権が認められる連邦制国家に変え、中欧に、拡張主義的な東の大ロシアと西の大ドイツに対する第三の効果的な均衡勢力を形成し維持することが重要だと力説したのである（石川 2012 : 5）。

　それゆえ、地政学的に「中欧」として位置づけられるチェコを理解するにあたっては、西の大国ドイツと東の大国ロシアの圧力にくわえ、ドイツ系住民と非ドイツ系住民（チェコ人、スロヴァキア人、ポーランド人、ハンガリー人等々）の多民族によって構成された、ハプスブルク帝国（オーストリア）の存在が鍵となる。

　歴史をさかのぼると、1918 年にハプスブルク帝国（当時のオーストリア＝ハンガリー帝国）が崩壊すると、ほどなくして 1938 年には「ミュンヘン協定」により、チェコスロヴァキアのズデーテン地方がナチス・ドイツに割譲された。そして翌 1939 年には、チェコスロヴァキア自体が解体に追いやられている。

　戦後になると、今度はソ連の影響下に社会主義政権が誕生し、1968 年の「プラハの春」（＝社会主義体制の改革と自由化に向けた運動）のさいにも、ワルシャワ条約機構の軍事介入により、運動は挫折。翌 1969 年に共産党第一書記に就任したG・フサークの「正常化」体制は、「改革・自由化運動で『混乱した』社会を『立て直す』こと、すなわちこの運動にかかわった人々を、社会的に無力化することを意味していた」（篠原 2009 : 217）。

　こうした象徴的な出来事をとおして考えてみても、これまでいかにチェコ

のような小国が、西の大国ドイツと東の大国ロシアの拡張主義に翻弄されてきたのかが理解できる。そうしたチェコの地政学的な位置づけに立脚しながら、これを小国の〈運命〉とみなす立場（M・クンデラ）と、人間の〈自律性〉の確立に向けて、あくまでみずからの運命はみずからの手でつくりあげていこうとする立場（V・ハヴェル）とが分岐する（次節参照）。

　チェコ人においてこの分岐点は、「日常性」と「歴史（性）」を区別する意識としてあらわれる。たとえば、チェコの評論家J・クロウトヴォルは、一般に「チェコ的」といわれる場合の、その「チェコ性とは歴史性の不足だと言っても過言ではない」（Kroutvor 1990＝2015：44）といい、次のように述べている。

　　歴史的形態の崩壊は、日常性の意味を強調する。どの国にもそれぞれの日常性があるが、中欧の日常性は、西欧の市民的日常性とは本質的に異なる。例えば、チェコ人は自分を市民とは感じない。彼の日常性は市民的、公民的なものではなく、ありふれていて、凡庸で、卑俗なものである。チェコ人には市民意識が欠けており、その代わり、生のグロテスクな細部についての洗練されたセンス、ユーモアと民衆的な狡猾さがある。生の真実は存在の無意味さにまでむき出しにされ、逆説の不均衡はジョークの火花を飛ばす（ibid.：44-45）。

　こうしたチェコ人の市民意識の欠如の背景には、長年にわたりチェコを統治してきた、多民族国家ハプスブルク帝国の強力な官僚機構に対する、チェコ人の「微温的な忠誠」（ibid.：39）が影響していると考えられる。市民意識の欠如としてあらわれるチェコの「歴史性の不足」は、たとえば「中欧」出身の作家の小説にでてくる「匿名の略語」（ibid.：50）に、端的に示されている。それはF・カフカの小説『審判』や『城』の主人公Kや、R・ムージルの小説『寄宿生テルレスの混乱』の舞台で、寄宿学校のあるW市の表記などに象徴的である。クロウトヴォルはこうした表記の匿名性について、次のよう

に述べている。

> 危機の時代に、匿名性は逃避や隠れ家や防衛の可能性を提供する。人は、出る杭にならないように頭を隠し、少し屈む。存在は、灰色の背景、匿名の大衆と融合する。倦怠と無関心が綱領となり、慎重さが真実となる。……脅かされた人間は自ら、日に日に、平均性へと、問題を孕まない生活へと逃避する。日常性の単調さが、思考、歩行、言語、習慣、行動を支配する。存在の理想は、生き長らえることである（ibid.: 52）。

チェコ性が歴史性の不足であるというとき、そこには同時に、匿名性に象徴される日常性の強調が含意されている。しかし問題は、「中欧」の歴史性の不足が、「西の歴史性と東の無歴史性の間、歴史の動態的原理と静態的原理の間にある」[1]（ibid.: 47）ことに由来し、「中欧」が完全には日常性に支配されていないという点にある。そしてこうした日常性と歴史性のせめぎあいが、次節のハヴェル-クンデラ論争をひきおこす契機となる。

第2節　日常性と歴史の対立
——ハヴェル-クンデラ論争からみえてくるもの[2]

1968年のプラハの春およびその後のソ連による軍事介入と、この介入に対するチェコスロヴァキア政府の譲歩の姿勢をめぐり、劇作家で反体制派の指導者であるV・ハヴェルと、小説家で旧共産党員であるM・クンデラとのあいだに、激しい論争がまきおこった（フィアラ／吉田 1992 参照）。

ことの発端は、クンデラが1968年12月に発表したエッセイ「チェコ民族の運命」にあるのだが、このエッセイの要点はおおむね次の2点に集約される。第一に、プラハの春は秘密警察をもたず、言論の自由の保障された社会主義を試みた点で評価されるということ。第二に、ソ連によるチェコスロヴァキアの占領と、それに対する政府の譲歩（屈服）は、地政学的に考えて、

補論　承認をめぐる思想的変遷

「チェコ民族の運命」であるということ。

　このクンデラの主張に異議をとなえたハヴェルは、翌年2月に「チェコ民族の運命？」というエッセイを発表し、上述の2点に対して次のように応答している。第一の点についてハヴェルは、「自由と、法律の尊重とは、社会という有機体が正常かつ健全に機能するための第一前提」であること。そのうえで、言論の自由の回復に象徴される「清浄化を図らなければならない必然性のことを、歴史への大規模な貢献であるかのように自慢するよりも、むしろそれは恥じてしかるべき」と主張する（Havel 1969＝1992：188-189）。

　第二の点についてハヴェルは、「チェコ民族の運命」という宿命論の立場は、「自分のさまざまなイデオロギー的教条や、先入観や、幻想に批判的反省を加えるという不快な義務の重荷をほうり出す」（ibid.：188）ことにすぎないと批判する。この点について、ハヴェルはのちの自伝のなかで、「いうならば、まさに解決すべきことから、つまり、わが民族の歴史に対してなすべきこと、場合によっては歴史に何らかの意味を与えることから注意をそらす」（Havel 1986＝1991：275）と述懐している。ハヴェルにとって、歴史に「意味を与える」行為の先には、権力に抵抗するものとしての、「人間の自律的で自由な人間性」（Havel 1984＝1990：74）の回復がみこまれているのである。

　実際ハヴェルは、歴史に意味を与えるという行為のために、次のことの必要性に言及している。すなわちそれは、「自分の私生活の日常的な繁栄（ヤン・パトチカが言ったように、この『日常性の支配』[3]）の一部を、あるいは極端な場合には、そのすべてを犠牲にすることのできる、自律的で、全一的で、尊厳にみちた人間の自我を、社会の動きの中心に据える」（Havel 1990＝1991：158-159）ことである。

　以上を総合して考えるなら、ハヴェルの立場は「日常性」に対する「歴史」の強調とみなすことができる。これに対して、クンデラの歴史観はハヴェルとは対極的なものとなっている。クンデラは次のように述べている。

　　小民族の集合体としての中央ヨーロッパは、「歴史」に対する深い不信

の念にもとづく固有の世界観をもっている。「歴史」というヘーゲルとマルクスの女神、「理性」の化身は、私たちを裁き、審判を下す。それは勝者たちの「歴史」である。ところが中央ヨーロッパの民衆は勝者ではない。……彼らが体現しているのは、この「歴史」の裏側であり、その犠牲者、アウトサイダーたちである。栄華だの栄光だのを嘲笑する、彼らの「非-真面目な精神」、その知恵、文化の独自性の源泉は、まさに、この「歴史」に幻滅した体験に由来するのである (Kundera 1983＝1991：72)。

　以上のような歴史観をもつクンデラは、歴史よりもむしろ日常性の重視(＝私生活を犠牲にすることの拒否)の方向に向かう。それは彼の代表的小説『存在の耐えられない軽さ』(1984 年)に登場する、実在する J・プロハースカの身に起こった以下の出来事に、クンデラが言及していることからも理解される (Kundera［1984］2007＝2008：153-158)。

　ハヴェル同様、反体制派の一人であったプロハースカは、あるとき内輪での会話を秘密警察に盗聴・録音され、同じ反体制派の友人たちの誹謗中傷のたぐいを含むその会話が、しかもそうした部分を強調するかたちで、ラジオ番組の連続物として放送されてしまう。いうまでもなく秘密警察の目的は、反体制派であるプロハースカの権威の失墜にあるのだが、この出来事をクンデラは「私生活の全面的な解消」(ibid.：158)と表現する。クンデラにとっては、「私生活と公生活とは本質によって異なる二つの世界であり、この違いの尊重は人間が自由な人間として生きうるためには絶対不可欠」(Kundera 1993＝1994：299)なのである。

　そうした公私の(経験的)差異が認められない状況に抵抗すべく、クンデラは「羞恥」にもとづく個人主義の重要性をとなえるようになる。クンデラにとって羞恥の感覚は、「自分の私生活を守り、窓にカーテンを要求し、A 宛ての手紙が B に読まれないように固執するための、過敏な反応」(ibid.：298)として把握される。社会学者の山之内靖は、こうしたクンデラの個人

主義を、「近代市民社会のメンバーが社会的活動の場において実践する積極的個人主義なのではなく、社会的活動の場から隔離された静かさにかかわる消極的個人主義である」（山之内1996：70）と指摘する。

クンデラ的「消極的個人主義」はそれゆえ、日常性に立脚した〈公私の差異〉を志向するのに対して、ハヴェル的「積極的個人主義」は、歴史に立脚した〈公私の相関〉を志向する。むろん、一概にどちらがよいとはいえない。消極的個人主義はその性質上、人々の協同や連帯を放棄するのとひきかえに、他律志向を強める傾向にある。だが、他律志向が強まると、依存する他者に対して「クレーム」という受動的反応でしか対応できなくなるおそれがある[4]。他方、民主主義を志向する積極的個人主義は、その裏面として、各種マス・メディアの発達にともない、個人のプライバシーが二の次となるうえ、いわゆる「自国第一主義」をかかげ、排外主義的な態度を醸成させるおそれがある。

ハヴェルとクンデラの歴史観のちがいをとおしてうきぼりとなるのは、〈承認〉をめぐる両者の見解の相違である。ハヴェルにとって承認とは、不遇の状況を打開する意味をもっており、それは「中欧」チェコのかかえる固有の不条理を〈解消〉することにつながりうる。私見では、クンデラがハヴェルに対して批判的なのはこの点にあるように思われる。というのも、クンデラにとって承認とは、あくまでチェコ固有の不条理を〈保持〉するために必要とされるものだからである。

第3節　2つの承認論——K・コシークとA・ホネット

主体的人間の「実践」とその「総体」としての対象世界の相関関係を論じた、『具体的なものの弁証法』[5]（1963年）の著者K・コシークもまた、ハヴェルやパトチカ同様、社会生活における公私の相関を強調する。すなわちコシークによれば、歴史に対する日常性とは「公的生活に対する私的生活」などではなく、本来「日常性と歴史とは相互に浸透しあっている」ものである

(Kosik［1963］1967＝1977:85, 88)。こうした考え方には理由がある。というのは、当時のコシークにとっては、人々の連帯的実践をとおして日常性のなかに歴史をとりいれ、日常性の内包する匿名性を克服し、チェコ社会の自律性を回復することが喫緊の課題であったのである。

　それではなぜ、人々の意識のなかで日常性と歴史は区別され、またそれによって公私の区別が生じてしまうのか。コシークの見解では、その要因として考えられるのが、資本主義社会における人間の実践の「物象化」という事態である。コシークはこの事態を、ドイツ哲学におけるG・ヘーゲルからM・ハイデガーへの思想的変容のうちにみる。そのさいコシークが注目するのが、ハイデガーの『存在と時間』における、道具とのかかわりに向けられた「気づかい（Sorge）」としての「配慮（Besorgen）」概念である（ibid.:79以下）。

　コシークによれば、配慮とは実践の「物象化した形姿」であり、「人間を操作者および操作の客体に変える」ような「日常的操作の実践」のことをさす（ibid.:80, 82）。ここでの「操作（Manipulation）」という表現は、ハイデガーの配慮概念に対する、次のコシークの理解がもとになっている。

> もし人が、二十世紀においては、ドイツ古典哲学の労働のカテゴリーにかわって、単なる配慮が現れていることを確認するならば、そしてこの変貌において、ヘーゲルの客観的観念論からハイデガーの主観的観念論への移行に特徴的な分解過程をみるならば、人はそれによって歴史的過程の一定の現出形態を確定していることになる。……すなわち、人間的世界［＝人間の対象的実践とその所産の世界］は、諸装置、諸設備、諸関係、諸結合——そのなかで個人の社会的な動きは、事業欲、多忙さ、緊張など、要するに配慮として進行する——のできあがった世界として、日常的意識……に開示される（ibid.:79）。

　コシークの考える物象化以前の実践は、ヘーゲルの『精神現象学』における「主人と奴隷の弁証法」をモデルとしている（ibid.:296）。それゆえ、コシー

補論　承認をめぐる思想的変遷

クは実践を、「人間の対象化行為」としての「労働」と、「人間的自由の実現」としての「承認」という、2つの契機から理解する。後者の人間的自由の実現としての承認は、「人間的主体性」(6)の成立にかかわるが、コシークは承認なしの実践が、日常的操作の実践としての配慮に堕することを強調する（ibid.: 265-268）。そして、そのように実践が配慮へと変貌することで顕著となるのが、先に問題提起した、日常性と歴史（非日常性）を区別する意識なのである(7)（ibid.: 85以下）。

　コシークとは対照的に、ドイツの哲学者A・ホネットは、ハイデガーの気づかいをヘーゲルの承認のカテゴリーにおいて理解する（Honneth [2005] 2008=2011: 44-45）。つまりホネットは、承認としての気づかい、気づかいとしての承認を論じるのだが、そのさいホネットが注意を向けるのが、以下にみる、気づかいの物象化という事態である。

　ホネットは物象化を論じるにあたって、G・ルカーチの物象化論を参照する。すなわち、商品交換の拡大を特徴とする、「資本主義的生活形態に関与しているどの主体も、自分自身と環境世界を、単なる物および対象として知覚する習慣を必然的に身につける」（ibid.: 22）ものとして、ホネットは物象化を規定する。ホネットによれば、こうした物象化において「主体はもはや、周囲の人々との相互行為に共感をもって従事することはなく、心理的にも実存的にも周囲の状況から距離をおき、中立的な観察者の立場に身をおく」（ibid.: 23）ことになる。

　ホネットの解釈では、ルカーチの物象化論が明らかにするのは、「私情をはさまず、中立的に観察するというふるまいかたが、より本来の（genuine）、よりよい形態の人間の実践から逸脱した習慣や態度の総体を形成する」（ibid.: 26）ことである。そしてこの観点からルカーチは、物象化に先行する「本来の」実践=「人間が自分自身およびその周囲に対して、共感をもち、関心をよせる関係を結ぶような、より根源的で本来的な形態の実践」（ibid.: 28）をみいだすことになる。

　ホネットによれば、こうしたルカーチの「共感」にもとづく実践の考え方

と一致するのが、ハイデガーの気づかいである[8]。というのも、両者の批判の矛先には、物象化に根ざした「主客二元論」(ibid.：35) がひかえているからである。ホネットの見解では、この主客二元論に対して共感や気づかいは、「私たちが認知的主体という立場で現実に対峙しているのではなく、むしろ実践的な有意味の領野として与えられる世界に実践的に対処している」(ibid.：35-36) ことを表現している。

気づかいとしての実践というホネットの解釈が意味するのは、先述したように、ホネットが気づかいをヘーゲルの承認の観点から把握しているということである。ただし、ホネットはコシークとは逆に、気づかいを物象化に先行する、物象化によって隠蔽された承認のありかたとして理解している。ホネットいわく、「人間の自己および世界との関係は、発生的のみならずカテゴリー的にも、第一に肯定的態度と密接に結びついており、その後、より中立的な志向が生じうる」(ibid.：43) からである。

ホネットの理解では、この「肯定（affirmation）」こそ承認の核心であり[9]、それは物象化した観察者の視座ではなく、「『参加者の視座』」をとることによって可能となる。この「参加者の視座」とは、「当面の相手の視座に身をおき、相手の欲望や性向や思考を自分の行為の動機として理解するようになることによって、社会生活に参加する」態度をさし、ホネットはその態度を気づかいとみなすのである (ibid.：41)。

これまでのところを要約すれば、コシークはハイデガーの気づかいを、物象化した実践として、つまり、承認の否定のうえになりたつものとして考えているのに対し、ホネットはこれを、物象化に先行する存在への肯定的態度とみなしている。実際にはハイデガーにおいても、他者存在への気づかいとしての「顧慮（Fürsorge）」概念のなかに、「肩代わりして支配する顧慮」と「先に立って相手を自由にしてやる顧慮」との、2つの可能性が認められる[10] (Heidegger 1927＝2013：181 以下)。いずれにせよ、両者の見解の分かれ目は、物象化という事態を、諸個人の実践と相関的に変革すべきものとして捉えるか、あるいは、共属的に随伴するものとして捉えるかのちがいに帰着すると

補論　承認をめぐる思想的変遷

いえる。

　ここで現在の情勢に目を転じると、承認のありかたはコシーク的理解からホネット的理解へと推移しているように思われる。すなわち、物象化した日常生活を〈変革〉する方向性から、日常生活の物象化のなかで他者存在を〈肯定〉する方向性に、である。たとえば今日の社会において、基本的人権にもとづき一人ひとりの「〈いのち〉」が尊重されるといわれるとき、私たちには「存在の無条件の肯定という倫理」が要請されることになる。これは哲学者の藤谷秀の言葉であるが、藤谷によれば、この倫理が要請される背景には、「他者からの承認と連帯[11]という根源的受動性」がひかえている（藤谷 2012：85）。

　このとき注目したいのが、承認（および連帯）が「受動性」と結びついていることである。コシーク的解釈では、承認は自己の「能動的」[12]実践によって他者から獲得するものである。そのように考えるならば、コシークにおいて他者に〈認めさせる〉意味をもっていた承認は、現在では他者に〈認めてもらう〉方向に、その重点が移行していると考えられる。そしてこの移行のなかに、相関的二重性の論理から共属的二重性の論理への思想的変遷をみてとることができるのである。

【注】

(1)　クロウトヴォルによれば、「東の無歴史性、それは実際にはロシア史である。時間は円錐のように堆積し、それは流れず、生じず、流れ去らず、永遠のように、所与の状態のように、満ちていく。眼前には日常性の一枚岩が聳えており、そこで支配しているのは歴史法則ではなく、専制的権力である」（Kroutvor 1990＝2015：58）。

(2)　本節にかんしては特に、石川（1995）の第13、14章と、西永（1998）の第4、6章の議論に多くの示唆をうけている。

(3)　ハヴェルはチェコの哲学者J・パトチカの、たとえば次のような主張に影響をうけていると考えられる。「人類は、日常の尺度とその約束に専心し従属することによっては、平和の基盤に到達しない。この連帯［＝第一次大戦の前線

経験者たちの連帯の可能性をさす]を裏切る者は、自分が戦争を養っていること、他者の血で生きる兵站基地のあの寄生者であることを、意識しなければならない。この意識を力強く支えるのは、震撼させられた者たちの前線における犠牲である」(Patočka [1975] 2002=2007：206)。

一方で、このパトチカの見解に対して、文芸評論家の山城むつみは次のように述べている。「パトチカは前線の非日常的経験(夜)を特権化し、この夜の現象学によって『日常の尺度』(昼)を排除しようとするが、重要なのは、前線において結晶化していた『すぐれて私の経験』[=前線経験のある哲学者L・ヴィトゲンシュタインの言葉]をありふれた日常における他者との関係そのものの内側に再結晶化させることではないのか」(山城 2015：146)。

(4) 他律志向という現象は、現在の日本社会にもみいだされる。哲学者の鷲田清一のいうように、それまで地域社会の住民どうしが協同して作業にあたることでなりたってきた公共的分野は、国家資格を有する専門従事者によって「サービス」として代行されるようになった(鷲田 2015)。鷲田はこの事態を「『おまかせ』の構造」(同：47)と表現し、その内実について次のように述べている。「出産や看護、看取りは医師にまかせ、教育は教員にまかせ、もめ事の解決は行政や司法にまかせ、防犯・防災は警察官や消防士にまかせるという『おまかせ』(委託)の構造が生活の細部にまで浸透してゆくなかで、もしサービスが劣化したとしても、ひとびとは対案を出したり、プロによるそれらの業務をじぶんたちの手に取り返すということがもはやできず、ただただ行政や専門家たちにクレームをつけることしかできない」(同：97)。

その意味で、近年のいわゆる「クレーマー」問題は、鷲田のいう「おまかせ」構造の依存性が示す裏面でもあり、人々のサービス依存度の高まりを反映しているといえる。なお、この現象の加速化を促す背景として考えられるのが、1990年代なかば以降の「新自由主義構造改革」における市場化の推進による、地域住民の協同によって培われた「関係資源」の収奪である(中西 2005)。

(5) 第4章で言及した花崎皋平は、コシークのこの著作を高く評価している。花崎によれば、コシークは弁証法的思考を、「にせの具体性の世界、すなわち日常的表象にとらえられる固定的、対象的現実を批判し、破壊し、真の現実を発見する思考」=「批判性、革命性をその本性のうちにもつ」ものとして理解する。それゆえ、ここでのコシークの主眼は、「弁証法の実践的意義の回復」にある(花崎 1972：49)。

コシークにとって「真の現実」とは、「『事柄それ自体(die Sache selbst)』」に

補　論　承認をめぐる思想的変遷

かかわる「具体的総体性」の世界を意味する（Kosik［1963］1967＝1977：9-22）。花崎はその特徴を次のように述べている。「具体的総体性の立場は、生成と構造を、ともにモメントとしてふくみ、総体を所与の構造をもつ全体という規定でとらえるのではなく、人間の社会的生産によって不断に形成されつつありながら、構造的統一を保持しているもの——社会的再生産の構造としてとらえる」（花崎 1972：51）。

以上からもうかがえるように、コシークの理論は個人と社会の相関的二重性の論理を表現しているといえる。

(6)　さらにコシークの次の説明を参照。「実践は……労働の契機以外に、ある実存的な契機をもふくんでいる。それは、自然を変革し、人間的意義を自然的素材に刻印する人間の対象的活動においてあらわれるが、またそれとともに、人間的主体性の形成において、人間的主体の構築においてもあらわれる。すなわち、不安、嫌悪、喜び、笑い、希望などのような実存的諸契機が、……承認をめぐるあらそいの、すなわち人間的自由の実現の過程の構成部分として生じるような人間的主体の構築においてあらわれるのである」（Kosik［1963］1967＝1977：267）。

(7)　コシークは次のように述べている。「日常性は、親しいもの、よく知られたもの、身辺、『故郷』であるが、歴史は、逸脱として、日常性の進行の攪乱として、例外およびなにか疎遠なものとして現象する。この区分は、同時に、現実を歴史の歴史性と日常性の無歴史性に分裂させる。歴史は変化するが、日常性は持続する。日常性は、歴史の踏み台と材料である。すなわちそれは歴史をにない、歴史を満たすけれども、それ自身は、歴史なしに、そして歴史の外部に、ある」（Kosik［1963］1967＝1977：89）。

(8)　仲正昌樹はルカーチとハイデガーの親和性について、ハイデガーの「本来性／非本来性」の議論が、ルカーチの分析（ただし物象化ではなく、初期マルクスの疎外概念）を念頭においている可能性があると指摘する（仲正 2015：109-111）。

(9)　フランスの哲学者 P・リクールは、承認を「互酬的（reciprocal）」なものと「相互的（mutual）」なものに区別する（Ricoeur［2004］2005＝2006：316 以下）。前者は他者への「贈与−返礼（お返し）」の「自律的な循環性」のなかでなりたつ「再認（reconnaissance/recognition）」であるのに対し、後者は相手に見返りを求めない「寛大さ」の表現としての贈与と、その贈与を「快くうけとること」＝「感謝（reconnaissance）」をあらわしている。

163

リクールのこの区別が重要なのは、承認の「相互性（mutuality）」はその「互酬性（reciprocity）」に先行していることを説いているからである。いいかえるなら、相互性の欠落した（つまり感謝ぬきの）互酬的関係は、容易に憎悪の関係に堕するということである。それはたとえば、店員の接客に満足いかない客や、教師の指導に満足いかない生徒の親が、その費用対効果（いわゆるコスパ）に過度にこだわる態度に典型的である。ホネットのいう「肯定（的態度）」には、そうした感謝の第一義性が含意されているといえる。

(10)　現象学の観点から看護理論を展開するP・ベナーとJ・ルーベルは、ハイデガーの顧慮概念にみられる2つの可能性を、医療従事者と患者の関係に援用して次のように述べている。「患者の病気がひどくて人の助けが不可欠な場合、我々は『跳び込んで』引き受けるしかない。しかし問題は、この種の『引き受け』が必要な一線を越えてしまいがちなことである。……他者に代わって『跳び込む』第一の種類の配慮（solicitude）は、支配と依存の関係、さらには抑圧にさえ容易に転化してしまうのである。……それに対し、第二の種類の配慮は支援（advocacy）と円滑化（facilitation）の一形態である。それは他者がこうありたいと思っているあり方でいられるようその人に力を与えるような関係であり、看護関係の究極の目標をなすものである」（Benner and Wrubel 1989＝1999：56）。

(11)　なお「他者からの承認と連帯」というのは、自己の側から考えると「他者への配慮」（藤谷 2012：89）ということになる。また、承認と連帯が「存在の無条件の肯定」と結びつくのは、承認と連帯の「倫理的意味」が、その「理由づけ」を必要としないという点にあるからである（同：84, 90）。

(12)　コシークは、自身のよってたつヘーゲルとマルクスに共通するモチーフとして、次のことを強調する。「主体（個人、個人的意識、精神、集団）は、この世界のあいだを遍歴しなければならず、また自己自身を認識するために世界を認識しなければならない。主体の認識は、世界におけるこの主体の能動性にもとづいてのみ可能である。主体は世界のうちへの能動的関与によってのみ世界を認識し、世界の能動的変容によってのみ自己自身を認識する。……しかし、世界のあいだの遍歴ののちに自己自身へと帰還する主体は、世界のあいだの遍歴への旅に出発したときの主体とは別の主体である。世界もまた、主体がそこを通りぬけたときには、別の変容した世界である」（Kosik [1963] 1967＝1977：211）。

文 献 一 覧

石川達夫（1995）『マサリクとチェコの精神――アイデンティティと自律性を求めて』成文社。
石川達夫（2012）「書き換えられる地図としての『中欧』」『思想』1056：3-8 頁。
石川文康（2001）『良心論――その哲学的試み』名古屋大学出版会。
犬飼裕一（2016）『和辻哲郎の社会学』八千代出版。
今西錦司（2002）『生物の世界ほか』中公クラシックス。
今村仁司（2007）『社会性の哲学』岩波書店。
岩淵慶一（2007）『マルクスの疎外論――その適切な理解のために』時潮社。
宇都宮芳明（1964）「共同存在と対他存在の問題」『北海道大学文学部紀要』12：107-122 頁。
宇都宮芳明（1980）『人間の間と倫理――倫理基準の検討と倫理理論の批判』以文社。
内海健（2003）『「分裂病」の消滅――精神病理学を超えて』青土社。
内海健（2008）『パンセ・スキゾフレニック――統合失調症の精神病理学』弘文堂。
内海健（2012）「もえいづる現象学」木村敏『新編 分裂病の現象学』ちくま学芸文庫、465-478 頁。
岡田宏太郎（1994）「A・ギデンズの社会理論と政治学――理論の『客観性』とはなにか」田口富久治・中谷義和編『現代政治の理論と思想』（講座 現代の政治学 第 3 巻）青木書店、189-214 頁。
樫村愛子（2007）『ネオリベラリズムの精神分析――なぜ伝統や文化が求められるのか』光文社新書。
勝守真（2009）『現代日本哲学への問い――「われわれ」とそのかなた』勁草書房。
川本隆史（1995）『現代倫理学の冒険』創文社。
北垣徹（2009）「分裂病の 60 年代――転換期の精神医学」富永茂樹編『転回点を求めて――1960 年代の研究』世界思想社、202-222 頁。
木村敏（[1970]1978）『自覚の精神病理――自分ということ』新装版、紀伊國屋書店。
木村敏（[1972]1975）「医者と患者――病気と狂気の意味をめぐって」『分裂病の現象学』弘文堂、331-341 頁。
木村敏（1973）『異常の構造』講談社現代新書。
木村敏（[1973]2012）「メメント・モリ」『文明と哲学』4：32-42 頁。
木村敏（[1975]2012）『新編 分裂病の現象学』ちくま学芸文庫。

木村敏（[1981] 2006）『自己・あいだ・時間——現象学的精神病理学』ちくま学芸文庫．
木村敏（1982）『時間と自己』中公新書．
木村敏（[1983] 2008）『自分ということ』ちくま学芸文庫．
木村敏（[1988] 2005）『あいだ』ちくま学芸文庫．
木村敏（[1990] 2007）『分裂病と他者』ちくま学芸文庫．
木村敏（[1992] 2005）『生命のかたち／かたちの生命』第3版、青土社．
木村敏（1994）『心の病理を考える』岩波新書．
木村敏（1996）「精神分裂病における自己と自然さの障害」芦津丈夫ほか編『文化における〈自然〉——哲学と科学のあいだ』人文書院、103-114 頁．
木村敏（1998）『分裂病の詩と真実』河合文化教育研究所．
木村敏（2005a）『関係としての自己』みすず書房．
木村敏（2005b）「自他の『逆対応』」『日本の哲学』6：8-27 頁．
木村敏（2008a）『臨床哲学の知——臨床としての精神病理学のために』聞き手＝今野哲男、洋泉社．
木村敏（2008b）「『心の病』とはなにか」『文明と哲学』1：25-44 頁．
木村敏（2010）『精神医学から臨床哲学へ』ミネルヴァ書房．
木村敏（2012）「あいだと生死の問題」野間俊一編『いのちと病い——〈臨床哲学〉に寄せて』創元社、3-29 頁．
木村敏（2014）「自他関係における現勢態 actuality と潜勢態 virtuality」『臨床精神病理』35（3）：283-289 頁．
木村敏（2016）「『あいだ』と〈私〉をつなぐもの」田中さをり著者代表『哲学者に会いにゆこう』ナカニシヤ出版、43-67 頁．
木村敏・坂部恵（2009）「〈作り〉と〈かたり〉」木村敏・坂部恵監修『〈かたり〉と〈作り〉——臨床哲学の諸相』河合文化教育研究所、21-69 頁．
木村敏・杉村靖彦（2009）「臨床の哲学」『文明と哲学』2：8-28 頁．
木村敏ほか（2004）「アクチュアリティとヴァーチュアリティの関係をめぐって」中村雄二郎・木村敏監修『講座　生命』第7巻、河合文化教育研究所、151-208 頁．
木村敏・西村ユミ（2013）「看護ケアと臨床哲学」『現代思想』41（11）：38-61 頁．
木村敏・野家啓一（2013）「『自己』と『他者』」木村敏・野家啓一監修『「自己」と「他者」——臨床哲学の諸相』河合文化教育研究所、21-69 頁．
木村敏・野家啓一（2015）「臨床哲学とは何か」木村敏・野家啓一監修『臨床哲学とは何か——臨床哲学の諸相』河合文化教育研究所、23-71 頁．
木村敏・檜垣立哉（2006）『生命と現実——木村敏との対話』河出書房新社．

文 献 一 覧

木村敏・村上靖彦（2010）「統合失調症と自閉症の現象学」『現代思想』38（12）：34-58 頁。
熊野純彦（2003）『差異と隔たり——他なるものへの倫理』岩波書店。
熊野純彦（2009）『和辻哲郎——文人哲学者の軌跡』岩波新書。
黒住真（2006）『複数性の日本思想』ぺりかん社。
小林敏明（[2007] 2015）『廣松渉——近代の超克』講談社学術文庫。
子安宣邦（2010）『和辻倫理学を読む——もう一つの「近代の超克」』青土社。
斉藤日出夫（2004）「信頼・不安・不気味——ルーマンの〈信頼〉概念と〈生活世界〉概念」『現代社会理論研究』14：74-85 頁。
斎藤慶典（2001）「『アクチュアリティ』の／と場所——中村・木村対談に寄せて」中村雄二郎・木村敏監修『講座　生命』第 5 巻、河合文化教育研究所、59-90 頁。
酒井直樹（1997）『日本思想という問題——翻訳と主体』岩波書店。
榊原哲也（2018）『医療ケアを問いなおす——患者をトータルにみることの現象学』ちくま新書。
坂部恵（1976）『仮面の解釈学』東京大学出版会。
相良亨（[1980] 1998）『誠実と日本人』増補版、ぺりかん社。
澤井敦（2016）「『存在論的不安』再考——アンソニー・ギデンズの『不安の社会学』をめぐって」『法学研究』89（2）：137-162 頁。
篠原琢（2009）「歴史と市民社会——チェコ異端派の歴史論」立石博高・篠原琢編『国民国家と市民——包摂と排除の諸相』山川出版社、216-248 頁。
清水哲郎（2008）「現場に臨む哲学の可能性」飯田隆ほか編『いま〈哲学する〉ことへ』（岩波講座　哲学　第 1 巻）岩波書店、253-275 頁。
鈴木宗徳（2004）「〈リスク社会学〉の政治学——ギデンズ再帰性理論のイデオロギー批判」『南山大学ヨーロッパ研究センター報』10：57-70 頁。
鈴木宗徳（2006）「〈個人化〉のポリティクス——格差社会における〈自立〉の強制」『九州国際大学経営経済論集』13（1・2）：123-145 頁。
高橋哲哉（1992）『逆光のロゴス——現代哲学のコンテクスト』未来社。
田邊浩（1999）「社会統合とシステム統合・再考——構造化理論 VS. 社会的実在論を中心として」『金沢大学文学部論集　行動科学・哲学篇』19：35-60 頁。
田邊浩（2003）「『第三の道』の可能性——市場・国家・市民社会の新たな関係」『金沢大学文学部論集　行動科学・哲学篇』23：41-62 頁。
柘植尚則（2003）『良心の興亡——近代イギリス道徳哲学研究』ナカニシヤ出版。
中西新太郎（2005）「リアルな不平等と幻想の自由——新自由主義『社会開発』の特質と帰結」竹内章郎ほか『平等主義が福祉をすくう——脱〈自己責任＝格差社会〉の理論』青木書店、1-45 頁。

仲正昌樹（2015）『ハイデガー哲学入門——『存在と時間』を読む』講談社現代新書。
中村雄二郎（［1983］2001）『西田幾多郎Ｉ』岩波現代文庫。
中村雄二郎・木村敏（2001）「「場所」をめぐって」中村雄二郎・木村敏監修『講座　生命』第５巻、河合文化教育研究所、13-58 頁。
西谷修（［1990］2002）『不死のワンダーランド』増補新版、青土社。
西谷修（2017）「『アメリカの世紀』の終わり」『現代思想』45（1）：100-107 頁。
西永良成（1998）『ミラン・クンデラの思想』平凡社。
畑本裕介（2008）『再帰性と社会福祉・社会保障——〈生〉と福祉国家の空白化』生活書院。
花崎皋平（1972）『マルクスにおける科学と哲学』社会思想社。
馬場靖雄（2001）『ルーマンの社会理論』勁草書房。
浜渦辰二（2010）「二つの『臨床哲学』」『臨床精神病理』31（3）：143-146 頁。
檜垣立哉（2008）『賭博／偶然の哲学』河出書房新社。
檜垣立哉（2012）「日本哲学史のなかの廣松渉」『思想』1064：74-90 頁。
廣松渉（1969）『マルクス主義の地平』勁草書房。
廣松渉（［1972］2017）『世界の共同主観的存在構造』岩波文庫。
廣松渉（1982）『存在と意味——事的世界観の定礎』第１巻、岩波書店。
廣松渉（［1983］2001）『物象化論の構図』岩波現代文庫。
廣松渉（1993）『存在と意味——事的世界観の定礎』第２巻、岩波書店。
廣松渉ほか（［1973］2017）「サルトルの地平と共同主観性」廣松渉『世界の共同主観的存在構造』岩波文庫、421-488 頁。
廣松渉ほか（［1983］1990）「精神の病理——自己・役割・他者」廣松渉『廣松渉学際対話　知のインターフェイス』青土社、211-252 頁。
廣松渉・小阪修平（1991）『歴史的実践の構想力』作品社。
カレル・フィアラ／吉田仙太郎（1992）「ハヴェルのクンデラ批判について」『すばる』14（9）：192-201 頁。
藤谷秀（2012）「〈いのち〉の承認と連帯の倫理をめぐって」『唯物論研究年誌』17：82-107 頁。
プラトン（2015）岸見一郎訳『ティマイオス／クリティアス』白澤社。
堀孝彦（2009）『大西祝「良心起原論」を読む——忘れられた倫理学者の復権』学術出版会。
松尾正（1987）『沈黙と自閉』海鳴社。
松尾正（1992）「『『デカルト的省察』（Ｅ・フッサール）と精神分裂病者——他者の『二重の二重性』と分裂病者の現出に関する一試論」新田義弘編『他者の現象学Ⅱ——哲学と精神医学のあいだ』北斗出版、61-83 頁。

丸山眞男（1998）『丸山眞男講義録』第4冊、東京大学出版会。
三上剛史（2013）『社会学的ディアボリズム――リスク社会の個人』学文社。
港道隆（1990）「和辻哲郎――回帰の軌跡」『思想』798：4-51頁。
山城むつみ（2015）「前線から遠く離れて――ヤン・パトチカを楕円化する」河出書房新社編集部『戦争思想2015』河出書房新社、137-147頁。
山之内靖（1996）『システム社会の現代的位相』岩波書店。
湯浅泰雄（1981）『和辻哲郎――近代日本哲学の運命』ミネルヴァ書房。
湯浅泰雄（1996）「身体と間身体関係」井上俊ほか編『身体と間身体の社会学』（岩波講座 現代社会学 第4巻）岩波書店、49-70頁。
鷲田清一（2015）『しんがりの思想――反リーダーシップ論』角川新書。
和辻哲郎（［1931］2017）「倫理学」苅部直編『初稿 倫理学』ちくま学芸文庫、29-203頁。
和辻哲郎（［1934］2007）『人間の学としての倫理学』岩波文庫。
和辻哲郎（［1935］1962）「現代日本と町人根性」『和辻哲郎全集』第4巻、岩波書店、424-505頁。
和辻哲郎（［1935］2010）『風土――人間学的考察』改版、岩波文庫。
和辻哲郎（［1937-1949］2007a・2007b・2007c）『倫理学（一・二・三）』岩波文庫。
和辻哲郎（［1952］2011）『日本倫理思想史（一）』岩波文庫。
Balibar, Étienne（1993＝1995）杉山吉弘訳『マルクスの哲学』法政大学出版局。
Benner, Patricia and Judith Wrubel（1989）*The Primacy of Caring: Stress and Coping in Health and Illness*, Menlo Park: Addison-Wesley.＝（1999）難波卓志訳『現象学的人間論と看護』医学書院。
Berger, Peter L. and Anton C. Zijderveld（2009）*In Praise of Doubt: How to Have Convictions Without Becoming a Fanatic*, New York: HarperOne.＝（2012）森下伸也訳『懐疑を讃えて――節度の政治学のために』新曜社。
Berlin, Isaiah（［1956］1999）"Equality", Henry Hardy（ed.）*Concepts and Categories: Philosophical Essays*, London: Pimlico, pp. 81-102.＝（1983）河合秀和訳「平等」福田歓一・河合秀和編『バーリン選集』第2巻、岩波書店、301-337頁。
Bryant, Christopher G. A. and David Jary（1991）"Introduction: Coming to Terms with Anthony Giddens", Christopher G. A. Bryant and David Jary（eds.）*Giddens' Theory of Structuration*, London: Routledge, pp. 1-31.
Diamond, Patrick and Anthony Giddens（2005）"The New Egalitarianism: Economic Inequality in the UK", Anthony Giddens and Patrick Diamond（eds.）*The New Egalitarianism*, Cambridge: Polity Press, pp. 101-119.

Dupuy, Jean-Pierre（1992＝2003）米山親能・泉谷安規訳『犠牲と羨望――自由主義社会における正義の問題』法政大学出版局。

Durkheim, Émile（[1895] 1960＝1978）宮島喬訳『社会学的方法の規準』岩波文庫。

Garfinkel, Harold（1967）"Studies of the Routine Grounds of Everyday Activities", *Studies in Ethnomethodology*, Englewood Cliffs：Prentice-Hall, pp. 35-75.＝（1989）北澤裕・西阪仰訳「日常活動の基盤――当り前を見る」G・サーサスほか『日常性の解剖学――知と会話』マルジュ社、31-92頁。

Giddens, Anthony（1979）*Central Problems in Social Theory*, University of California Press.＝（1989）今田高俊ほか訳『社会理論の最前線』ハーベスト社。

Giddens, Anthony（1984）*The Constitution of Society*, University of California Press.＝（2015）門田健一訳『社会の構成』勁草書房。

Giddens, Anthony（1990）*The Consequences of Modernity*, Stanford University Press.＝（1993）松尾精文・小幡正敏訳『近代とはいかなる時代か？――モダニティの帰結』而立書房。

Giddens, Anthony（1991）*Modernity and Self-Identity : Self and Society in the Late Modern Age*, Stanford University Press.＝（2005）秋吉美都ほか訳『モダニティと自己アイデンティティ――後期近代における自己と社会』ハーベスト社。

Giddens, Anthony（1994）*Beyond Left and Right : The Future of Radical Politics*, Cambridge：Polity Press.＝（2002）松尾精文・立松隆介訳『左派右派を超えて――ラディカルな政治の未来像』而立書房。

Giddens, Anthony（1998）*The Third Way : The Renewal of Social Democracy*, Cambridge：Polity Press.＝（1999）佐和隆光訳『第三の道――効率と公正の新たな同盟』日本経済新聞社。

Giddens, Anthony（2000）*The Third Way and its Critics*, Cambridge：Polity Press.＝（2003）今枝法之・干川剛史訳『第三の道とその批判』晃洋書房。

Giddens, Anthony and Christopher Pierson（1998）*Conversations with Anthony Giddens : Making Sense of Modernity*, Cambridge：Polity Press.＝（2001）松尾精文訳『ギデンズとの対話――いまの時代を読み解く』而立書房。

Goffman, Erving（1961）*Encounters : Two Studies in the Sociology of Interaction*, Indianapolis：Bobbs-Merrill.＝（1985）佐藤毅・折橋徹彦訳『出会い――相互行為の社会学』誠信書房。

Havel, Václav（1969＝1992）カレル・フィアラ／吉田仙太郎訳「チェコ民族の運命？――チェコ事件後におけるハヴェルのクンデラ批判」『すばる』14（9）：181-191頁。

Havel, Václav（1984＝1990）石川達夫訳「文化に関する六つの覚書」『新日本文学』45 (10)：64-76頁。
Havel, Václav（1986＝1991）佐々木和子訳『ハヴェル自伝——抵抗の半生』岩波書店。
Havel, Václav（1990＝1991）飯島周ほか訳『反政治のすすめ』恒文社。
Heidegger, Martin（1927＝2013）高田珠樹訳『存在と時間』作品社。
Heritage, John（1984）*Garfinkel and Ethnomethodology*, Cambridge：Polity Press.
Honneth, Axel（[2005] 2008）*Reification : A New Look at an Old Idea*, trans. Joseph Ganahl, Oxford University Press.＝（2011）辰巳伸知・宮本真也訳『物象化——承認論からのアプローチ』法政大学出版局。
Kasulis, Thomas P.（2002）*Intimacy or Integrity : Philosophy and Cultural Difference*, University of Hawai'i Press.＝（2016）衣笠正晃訳／高田康成解説『インティマシーあるいはインテグリティー——哲学と文化的差異』法政大学出版局。
Kosík, Karel（[1963] 1967）*Die Dialektik des Konkreten : Eine Studie zur Problematik des Menschen und der Welt*, Übers. Marianne Hoffmann, Frankfurt am Main：Suhrkamp.＝（1977）花崎皋平訳『具体的なものの弁証法』せりか書房。
Kroutvor, Josef（1990＝2015）石川達夫訳『中欧の詩学——歴史の困難』法政大学出版局。
Kundera, Milan（1983＝1991）里見達郎訳「誘拐された西欧——あるいは中央ヨーロッパの悲劇」『ユリイカ』23 (2)：62-79頁。
Kundera, Milan（[1984] 2007＝2008）西永良成訳『存在の耐えられない軽さ』河出書房新社。
Kundera, Milan（1993＝1994）西永良成訳『裏切られた遺言』集英社。
Lazarus, Richard S. and Susan, Folkman（1984）*Stress, Appraisal, and Coping*, New York：Springer.＝（1991）本明寛ほか監訳『ストレスの心理学——認知的評価と対処の研究』実務教育出版。
Liederbach, Hans P.（2001）*Martin Heidegger im Denken Watsuji Tetsurōs : Ein Japanischer Beitrag zur Philosophie der Lebenswelt*, München：Indicium.＝（2006）平田裕之訳『ハイデガーと和辻哲郎』新書館。
Locke, John（[1690] 1975＝1976）大槻春彦訳『人間知性論（三）』岩波文庫。
Löwith, Karl（1928）*Das Individuum in der Rolle des Mitmenschen : Ein Beitrag zur anthropologischen Grundlegung der ethischen Probleme*, München：Drei Masken Verlag.＝（2008）熊野純彦訳『共同存在の現象学』岩波文庫。

Luhmann, Niklas（[1968] 2000）*Vertrauen : Ein Mechanismus der Reduktion sozialer Komplexität*, 4.Aufl., Stuttgart：Lucius & Lucius.＝（1990）大庭健・正村俊之訳『信頼――社会的な複雑性の縮減メカニズム』勁草書房。

Luhmann, Niklas（1984）*Soziale Systeme : Grundriß einer allgemeinen Theorie*, Frankfurt am Main：Suhrkamp.＝（1993・1995）佐藤勉監訳『社会システム理論（上・下）』恒星社厚生閣。

Luhmann, Niklas（1987）"The Evolutionary Differentiation between Society and Interaction", Jeffrey C. Alexander et al.（eds.）*The Micro-Macro Link*, University of California Press, pp. 112-131.＝（1998）圓岡偉男訳「社会と相互行為の進化的分化」ジェフリー・C・アレグザンダーほか編『ミクロ-マクロ・リンクの社会理論』新泉社、67-94頁。

Luhmann, Niklas（1988）*Die Wirtschaft der Gesellschaft*, Frankfurt am Main：Suhrkamp.＝（1991）春日淳一訳『社会の経済』文眞堂。

Luhmann, Niklas（1997）*Die Gesellschaft der Gesellschaft*, Frankfurt am Main：Suhrkamp.＝（2009）馬場靖雄ほか訳『社会の社会（1・2）』法政大学出版局。

Luhmann, Niklas（2000）*Die Religion der Gesellschaft*, Frankfurt am Main：Suhrkamp.＝（2016）土方透ほか訳『社会の宗教』法政大学出版局。

MacIntyre, Alasdair（1984）*After Virtue : A Study in Moral Theory*, 2 ed., University of Notre Dame Press.＝（1993）篠﨑榮訳『美徳なき時代』みすず書房。

Marx, Karl und Friedrich Engels（1845-1846＝2000）新訳刊行委員会訳『新訳ドイツ・イデオロギー』現代文化研究所。

Meillassoux, Quentin（[2006] 2012＝2016）千葉雅也ほか訳『有限性の後で――偶然性の必然性についての試論』人文書院。

Nancy, Jean-Luc（[1996] 2000）*Being Singular Plural*, trans. Robert D. Richardson and Anne E. O'Byrne, Stanford University Press.＝（2005）加藤恵介訳『複数にして単数の存在』松籟社。

Nagel, Thomas（1991）*Equality and Partiality*, Oxford University Press.

Patočka, Jan（[1975] 2002＝2007）石川達夫訳『歴史哲学についての異端的論考』みすず書房。

Ricoeur, Paul（[2001] 2007）*Reflections on the Just*, trans. David Pellauer, University of Chicago Press.＝（2013）久米博・越門勝彦訳『道徳から応用倫理へ――公正の探求2』法政大学出版局。

Ricoeur, Paul（[2004] 2005）*The Course of Recognition*, trans. David Pellauer, Havard University Press.＝（2006）川崎惣一訳『承認の行程』法政大学出版局。

Sallis, John（2002）*On Translation*, Indiana University Press.＝（2013）西山達也

訳『翻訳について』月曜社。

Sartre, Jean-Paul（[1943] 2003）*Being and Nothingness : An Essay on Phenomenological Ontology*, trans. Hazel E. Barnes, London：Routledge.＝（1999）松浪信三郎訳『存在と無――現象学的存在論の試み（上・下）』人文書院。

Sartre, Jean-Paul（1946＝1996）伊吹武彦ほか訳『実存主義とは何か』増補新装版、人文書院。

Sen, Amartya（1992）*Inequality Reexamined*, Oxford University Press.＝（1999）池本幸生ほか訳『不平等の再検討』岩波書店。

Simmel, Georg（[1908] 1992）*Soziologie : Untersuchungen über die Formen der Vergesellschaftung*, Otthein Rammstedt（Hg.）*Gesamtausgabe*, Bd. 11, Frankfurt am Main：Suhrkamp.＝（1994）居安正訳『社会学――社会化の諸形式についての研究（上）』白水社。

Simmel, Georg（[1912] 2000）*Die Religion*, Michael Behr et al.（Hrsg.）*Gesamtausgabe*, Bd. 10, 2. Aufl., Frankfurt am Main：Suhrkamp.＝（1998）居安正訳『社会分化論・宗教社会学』青木書店。

※なお、本書の第1章および第2章は、拙稿（2017）「ギデンズ社会理論と和辻倫理学における二重性の論理と信頼」『現代社会学理論研究』11：94-106 頁、（2018）「和辻哲郎の間柄論における〈共同性〉と〈罪責性〉をめぐる一考察」『社会文化研究』20：137-151 頁をもとに作成した。また、第5章は、拙稿（2012）「「聴くこと」の今日的意義――木村敏『あいだ』概念の観点から――」『社会文化研究』14：133-157 頁がもとになっている。

【著者紹介】

廣田　拓（ひろた・たく）

1983年生まれ。
2006年3月、東京外国語大学外国語学部ロシア・東欧課程チェコ語専攻卒業。
2014年3月、横浜市立大学大学院都市社会文化研究科（都市社会文化専攻）博士後期課程単位修得満期退学。
2014年4月～2016年3月、同研究科共同研究員。
2018年、「偶然における信仰から無常における信仰へ──石原吉郎の思想を導きの糸として」で第14回涙骨賞奨励賞受賞。
日本社会学理論学会、社会文化学会に所属。

社会学の越境
──社会秩序のなりたちをめぐって

2019年8月30日　第1版1刷発行

著　者──廣　田　　　拓
発行者──森　口　恵美子
印刷所──壮光舎印刷㈱
製本所──グリーン㈱
発行所──八千代出版株式会社
　　　　〒101-0061　東京都千代田区神田三崎町2-2-13
　　　　TEL　03-3262-0420
　　　　FAX　03-3237-0723
　　　　振替　00190-4-168060

＊定価はカバーに表示してあります。
＊落丁・乱丁本はお取替えいたします。

ISBN978-4-8429-1754-2　　　　©2019　T. Hirota